그리고 사진처럼 덧없는
우리들의 얼굴,
내 가슴

그리고 사진처럼 덧없는
우리들의 얼굴,
내 가슴

존 버거 / 김우룡 옮김

열화당

암스테르담의 '국경 없는 연구소', 워싱턴의
'정책학 연구소'에 나의 연대를 표하면서 감사한다.
이 책이 구상되고 씌어지는 동안 그들로부터
많은 지원과 격려를 받았다. 이 책의 바탕을 이루는
생각들이 담긴 여러 글들을 출판해 준 런던의
『뉴 소사이어티(New Society)』, 뉴욕의 『더 빌리지
보이스(The Village Voice)』에도 마찬가지로
감사한다. 비판적 조언을 아끼지 않은
앤서니 바넷에게도 고마움을 전한다.

1부는 시간,
2부는 공간에 대한 것이다.

1
한때

신분증을 보여주기 위해,
돈을 지불하려고,
혹은 열차 시간표를 확인하느라고
지갑을 열 때마다,
나는 당신 얼굴을 본다.

꽃가루 한 점은
산맥보다 더 오래 되었고,
그 산맥들 속의
아라비 산(山)은 아직 젊다.

아라비 산이 나이를 먹어
언덕으로 변할 때에도
꽃의 씨앗은
뿌려질 것이니,

가슴속 지갑 안에
들어 있는 꽃 한 송이,
우리로 하여금 산맥보다
더 오래 살게 하는 힘.

그리고 사진처럼 덧없는 우리들의 얼굴, 내 가슴.

언젠가 한때

처음은 토끼였다. 해발 이천 미터의 산중에 위치한 국경에서였다. "어디로 가시나요?" 프랑스 세관원이 물었다. "이탈리아로"라고 내가 말했다. "왜 정지하지 않았지요?" 그가 다시 물었다. "당신이 그냥 지나가라고 하는 줄 알았어요"라고 내가 말했다. 바로 그때 우리 앞 십 미터쯤에서 토끼 한 마리가 길을 가로질러 뛰어갔는데, 모두가 넋을 잃고 그 토끼를 바라보았다. 귀 끝이 약간 짙은 잿빛을 한 날씬한 토끼였다. 느린 속도였지만, 필사적으로 달아나고 있었다. 아주 이따금 만나게 되는 장면이었다.
잠시 뒤, 그 토끼가 길을 가로질러 돌아오고 있었는데 이번에는 대여섯 명의 남자들이 그 뒤를 쫓았다. 물론 토끼보단 훨씬 느렸다. 식사를 하다 말고 뛰쳐나온 것 같았다. 토끼는 눈 덮인 바위산을 향해 뛰어올라 갔다. 세관원이 토끼를 잡는 방법을 사람들에게 큰 소리로 외쳐대고 있었다. 그러는 사이 나는 그냥 국경을 통과했다.

다음으론 새끼 고양이였다. 순백색이었다. 고양이는 고르지 못한 바닥, 뻥 뚫린 굴뚝, 부서진 나무 테이블, 거친 솜씨로 아무렇게나 칠한

흰 벽으로 된 부엌에서 살고 있었다. 벽 앞에 있으면 몸은 감춰지고 두 눈만이 보이곤 했다. 고개를 옆으로 돌리면 고양이는 벽 속으로 이내 사라진다. 바닥에서 뛰어오르거나 테이블 위로 훌쩍 올라갈 때는 마치 벽으로부터 도망쳐 나오는 듯한 모습이었다. 그 고양이가 사라졌다 나타나는 모습을 보고 있으면 마치 집안의 정령인 듯한 신비한 느낌이 들었다. 나는 집안에 정령이 있다면 그것들은 거기 사는 짐승들일 거라고 늘 생각해 왔다. 때론 눈에 띄고 때론 사라져 가지만 정령들은 언제나 존재해 있다. 내가 테이블에 앉으면 고양이는 내 허벅지 위로 뛰어오른다. 날카로운 이가 털만큼이나 희다. 혀는 분홍빛이었다. 여느 새끼 고양이들처럼 혼자서 지칠 줄 모르고 논다. 의자 위에서 제 꼬리를 가지고, 혹은 바닥에서 부스러기들과 함께. 그러다가 싫증이 나면 몸을 누일 폭신한 것을 찾는다. 나는 이 고양이에 매료된 채 한 주일 동안이나 지켜 보았다. 고양이는 수건, 흰 스웨터, 빨랫감 할 것 없이 할 수만 있으면 언제나 흰 것을 찾았다. 그러고는 눈을 감고 입을 다문 후 몸을 웅크렸다. 고양이는 이윽고 벽 속으로 가뭇없이 사라져 갔다.

피스토이아(Pistoia)에서 멀지 않은 언덕 위의 한 마을이었다. 직사각형 모양의 마을 묘지에는 높은 담이 둘려 있고 정교하게 만든 쇠문이 달려 있었다. 밤이 되면 모든 묘비가 제각기 촛불로 밝혀졌는데 가로등과 동시에 켜지는 전기 촛불이었다. 마을의 가로등 수보다 많은 이 촛불들은 밤새도록 켜져 있었다. 묘지를 지나면 길이 급하게 굽어지고, 그 모퉁이께 먼지 나는 길 하나가 농장을 향해 나 있었다. 그 먼짓길 위에서 나는, 무리에서 떨어진 회색빛 오리 한 마리를 보았다. 때때로 묘지 건너편 덤불 아래 풀 언덕에서 오리 무리 전체가 눈에 띄곤 했었다. 처음 묘지의 불빛을 보았던 황혼녘에도, 어둠이 깃든 푸른 풀 사이로 오리들이 뒤뚱거리며 다니고 있었다. 암오리 한 마리, 수오리 하나, 그리고 새끼 오리 여섯이었다.
이번에는 그 수오리였다. 길 한복판에서 머리를 숙이고 길바닥의 먼지를 헤집으면서 가만히 서 있었다. 거의 눈에 띄지 않는 암오리의 등을 타고 있다는 것을 알아차리는 데는 일 분쯤의 시간이 흘러야 했다. 암오리는 수오리의 다리 아래서 한두 번 날개를 펴곤 했는데, 이내 날개를 다시 접고 먼지 속으로 가라앉아 갔다. 수오리의 동작이 빨라지더니 드디어 절정에 이르렀고 그런 후 암오리에게서 떨어져 나갔다. 암오리가 모습을 드러냈다. 수컷은 암컷의 옆으로 떨어져 내리더니 마치 총에 맞은 것처럼 몸을 옆으로 누였다. 오리 모양을 한, 납을 가득 담은 회색빛 가방 하나가 먼지 나는 길 위에 나부라지는 것 같았다. 암오리는 그제야 두 발로 몸을 일으켜 주위를 둘러보더니, 날개를 퍼덕이면서 목을 뽑아 두리번거렸다. 이젠 새끼들이 자신을 충분히 찾을 수 있을 것으로 확신하는 듯한 모습이었다.

보스니아 프리예도르(Prijedor) 부근 시골에서의 어느 날 밤, 나는 밤길을 걷다가 풀숲 아래에서 호박 빛이 감도는 녹색의 반딧불이 유충 한 마리를 보았다. 집어 올려 손가락 위에 놓았다. 마치 영롱한 오팔처럼 반지 위에서 빛나고 있었다. 집으로 가까워질수록 다른 밝은 빛들에 의해 유충의 빛은 희미해져 갔다.
침실 서랍장 화분의 이파리들 위에 놓았다. 불을 끄자 유충은 다시 빛을 발했다. 경대에 달린 거울이 맞은편의 창을 비추고 있었다. 몸을 옆으로 누이자 거울에 비친 별 하나가 눈에 들어왔다. 그리고 서랍장 위의 유충도 볼 수 있었다. 둘은 비슷한 모습이었는데 유충 쪽이 좀더 녹색이고 차갑고 더 멀리 있는 느낌을 주는 것만이 달랐다.

어느 이야기의 한때

우리는 둘 다 작가다. 반듯이 드러누워 밤하늘을 바라본다. 밤이면
사물들의 확실성을 빼앗아 가고 그러다가 때론 신앙의 형태로
그것들을 되돌려 주기도 하는 한 무리 별들의 도움으로 이야기들은
시작된다. 맨 처음 별자리들을 찾아내고 이름을 붙인 이들은
작가들이었다. 별 무리들 사이로 상상의 줄을 이어 가면서 별들의
이미지와 이름을 만든 것이다. 그 줄에 꿴 별들은 하나의 긴 이야기를
구성하는 작은 사건들과 같은 것이었다. 상상을 통해 별자리들을
만들어낸다고 해서 별들이 변하는 것은 물론 아니다. 별을 둘러싸고
있는 어두운 텅 빈 공간 역시 아무런 변화가 없다. 사람들이 밤하늘을
읽는 방법만이 달라질 뿐이다.
시간이라는 난제는 캄캄한 밤하늘과 같다. 모든 일어난 사건들은
제각기의 시간에 새겨진다. 사건들은 때로 밀집되어 일어나고 그
시간들이 겹쳐지지만, 사건들이 밀집되어 있다고 해도 시간의 길이가
늘어나지는 않는 법이다. 복잡한 밀집 현상 뒤에는 하나의 법칙이
자리하는 것과 마찬가지이다.
이를테면 기근은 비극적인 사건들의 밀집이지만 북두칠성과는 아무런

관련이 없다. 북두칠성은 자신만의 또 다른 시간에 존재하고 있다.

토끼와 거북의 수명에 대한 정보는 각기 그들의 세포 속에 미리 기록되어 있다. 여기서의 수명은 생물적 차원의 그것이다. 그러나 그들의 수명을 비교하려면 토끼나 거북과는 전혀 무관한 추상 개념을 쓰지 않을 수 없다. 인간은 이 추상 개념을 도입했고, 둘 중 어느 것이 더 일찍 종착점에 도착하는가 하는 경주의 개념 또한 만들어냈다. 두 가지 사실을 함께 아우른다는 데서 인간은 유일한 존재다. 생물체라는 사실—이 점에서는 거북이나 토끼와 동일하다—이 그 하나이고, 의식을 가지고 있다는 사실이 다른 하나이다. 따라서 인간에게는 이 두 가지 사실에 상응하는 두 가지 시간이 공존한다. 수태되고 자라며 성숙하고 늙고 죽어 가는 시간이 그 하나라면, 의식의 시간이 다른 하나이다.

전자의 시간은 그것 자체로 자명한 시간이다. 동물들이 철학적 문제를 가지지 못하는 이유도 이 때문이다. 반면, 후자의 시간은 시대에 따라 달리 이해되어 왔다. 의식의 시간에 대한 이해를 제시하는 것, 과거가 미래에 대해 가지는 관계성을 제시하는 것이야말로 진정 여느 문명의 첫번째 과제라 할 수 있다.

모든 사건에 적용되는 획일적이고 추상적이며 단선적인 시간의 법칙이 현재의 유럽 문화가 제시하는 시간에 대한 해석—지난 이백 년간 여타의 해석들을 점차 배척해 온—에 의해 만들어져 왔는데, 이 법칙에 따르면 모든 '시간들'은 비교되고 통제될 수 있다. 이 법칙은 북두칠성과 기근은 동일한 시간 계산법 아래 놓여 있다고 주장한다. 그 계산법은 실상 둘 모두와 아무런 관계가 없는데도 말이다. 또한 인간의 의식 역시 여느 다른 사건들과 마찬가지로 시간 속에서 일어나는 하나의 사건이라고 주장한다. 의식의 시간을 '설명'하면서 의식을 마치 지질학적 지층인 양 취급한다. 현대인들이 종종 스스로가 만든 실증주의에 희생되어 왔다면, 그것은 의식에 의해 창조된 시간을 부정하고 배제한 것에 기인한다.

실제로 우리는 항상 두 가지 시간 사이에 있다. 육체의 시간과 의식의 시간이 그것이다. 따라서 모든 문화권에서는 육체와 정신 사이의 구별이 존재한다. 정신이 우선시되며, 무엇보다도 정신은 육체의 시간과 구별되는 또 다른 시간을 가지고 있음을 인정한다.

        이미 있어 온
        것들은
        우리를 놀라게 할 수 없다.
        내일은 여전히 장님처럼
        천천히 진행해 간다.
        시계(視界)와 빛은
        서로를 향해 달려,
        그들의 포옹으로부터
        낮이 태어난다.
        눈들이 망아지처럼
        크게 떠지고,
        지절대는 강은
        한순간 더
        안개를 껴안는다.
        산봉우리들은

그들의 신호를
하늘에 적는다.
젖 빠는 송아지를 본떠 만들어진
우유 짜는 기계 소리를,
멈추어 들어 보라.
해가 떠오름에 따라
수풀 우거진 언덕은
그들의 높이를 스스로 재고 있다.
트럭 운전사는
놀랄 만큼 익숙하게
또 다른 나라로 이끄는
고갯길로 접어들고 있다.
풀잎은 온도가 올라
소의 뿔보다 더
따뜻해질 것이다.
놀라움은
죽음과 탄생의 수행원인
우리를 향해 다가온다.

"하나의 유령이 유럽을 배회하고 있다―공산주의라는 유령이. 옛 유럽의 모든 세력들이 이 유령을 몰아내기 위해 성스러운 동맹 관계에 들어갔다. 교황과 차르, 메테르니히와 기조, 프랑스의 과격파와 독일 경찰의 첩자들 모두가"라고 마르크스가 1872년 썼을 때, 그는 이중의 선언을 한 셈이 된다. 오늘도 그렇듯이 부자들이 혁명을 두려워했다는 사실을 밝힌 것이 그 하나이다. 다음으로 그는 새로운 경향성에 대해

말한다. 모든 현대적 사회는 스스로의 덧없음을 자각하고 있다는
사실이 그것이다.

역사는 프랑스 혁명 이래 자신의 역할을 바꾸었다. 지난 시기, 과거의
수호자였던 역사는 이 혁명 후 미래의 산파가 된 것이다. 역사는 더
이상 불변의 것에 대해 말하기를 그치고, 가차없는 변화의 법칙에 대해
말한다. 이제 역사는 모든 곳에서 진보로 파악된다. 때로는 정치사회적
진보로, 때로는 지속적인 기술적 진보로 드러나는 것이다. 또한 역사는
정의를 쟁취하기 위한 피착취자들의 필사적인 투쟁에 정당한 희망을
제공한다. (20세기가 끝나 가면서 제삼세계에서는 이 희망이 종교적
믿음과 점차 연대하고 있다.) 이와 반대로 상대적으로 부유한 세계의
경우, 역사는 오직 퇴행만을 탐욕스럽게 요청해 왔다.

이제 사람들은 새로운 시간적 차원을 살아가고 있다. 사회 안에서의
삶이 비록 상대적일지라도 영속성의 본보기를 제시해 주던 때가
있었지만, 이제는 덧없음의 징표가 되었다. 이런 사실은 삶의 현실적
조건에서 미래에 대한 하나의 약속이 될 수 있다. 그러나 이와 동시에,
사람들은 그들 삶에 존재하는 두 개의 시간이라는 수수께끼 앞에서
그전보다 훨씬 더 고독해진 자신을 발견하게 된다. 이제 어떤 사회적
가치도 의식의 시간을 보증해 주지 않는다. 더 정확히 말해, 어떠한
기성의 사회적 가치도 그럴 능력이 없는 것이다. 다만 어떤 특별한
경우들에서—나는 체 게바라를 생각하고 있다—혁명적 의식은 시간을
새로운 방식으로 보증하는 역할을 수행해내기도 한다.

가끔 눈을 감으면 얼굴들이 떠오른다. 이상한 것은 그 얼굴들의
뚜렷함이다. 마치 조각상처럼 선명하다.
언젠가 한 친구에게 이런 경험에 대해 말한 적이 있다. 내가 그

동안―처음 그런 일이 일어난 것은 삼십대였다―너무 많은 그림을
보면서 그것들에 집중했던 사실과 틀림없이 연관이 있을 거라고 그
친구는 말해 주었다. 아주 그럴 듯한 생각이었다. 그러나 이런 생각은
문제의 본질을 흐리게 한다. 왜냐하면 회화의 역할은 최근에
이르기까지, 곧 사라져 없어질 것을 마치 지속적으로 존재하는 것인 양
그려내는 것이었기 때문이다.

낯익은 얼굴은 하나도 없었다. 대개 가만히 있는 모습이었지만 정지된
이미지가 아니라 움직이는 동적인 이미지의 얼굴들이었다. 무언가
생각하는 사람의 얼굴처럼 보였다. 내가 그들을 보고 있다는 사실에는
전혀 무관심했다. 그러나 그들로 하여금 나를 보게 할 수는 있었다.
'보게 하다'는 말은 너무 강한 것 같다. 내 편에서 아무런 노력이
필요치 않았으니 말이다. 그냥 그들을 바라보다가 현실에서 자주
그러는 것처럼 어느 한 얼굴에 내 주의를 집중하면 여자든 남자든 나와
시선을 맞춰 주는 것이었다. 보통은 삼사 미터 정도 떨어져 있다가,
눈을 맞추게 되면 그 표정이나 강렬함이 마치 몇 센티미터 앞에 있는
것처럼 선명하게 보였다.

표정은 얼굴의 특성이나 나이에 따라 약간씩 달라지긴 했지만 언제나
비슷했다. 그 강렬함이란 기쁨이나 고통 혹은 감정을 나타내는
강렬함이 아니었다. 아무런 말도 없이, 눈의 표정만으로 나를 똑바로
바라보면서, 자신의 존재를 확인하는 그런 것이었다. 마치 내 시선이
그의 이름을 부른 것처럼, 얼굴은 그에 대해 "예, 여기 있어요"라고
대답하고 있었다.

눈을 뜨면 얼굴들이 순식간에 사라져 버릴 것이란 사실을 나는 늘 알고
있다. 눈을 감을 때 무슨 일이 일어날까가 내게는 더 불분명하다.
그들을 가두어 두는 일상적인 장벽을 넘는 것은 나일까 아니면
그들일까. 그들이 과거에 속해 있음은 확신할 수 있다. 그러나 이런

확신은 그들의 옷이나 그 얼굴들의 '유형'과는 아무런 연관이 없다.
그들이 과거에 속한 사람들임은 그들이 이미 사망한 사람들이기
때문이다. 나를 바라보는 눈길에서 나는 그걸 느낄 수 있다. 그들은
점점 더 잘 알아보겠다는 태도로 나를 바라본다.

잠듦과 깨어남의 중간 상태였다. 이 상태에서는 잠듦과 깨어남의 어느
쪽으로도 진행해 갈 수 있다. 꿈속으로 들어갈 수도 있고, 아니면 눈을
떠, 자신의 몸과 방을, 또 창 밖 눈 속에서 울고 있는 까마귀를 확인해
볼 수도 있다. 단어와 의미 사이에 아무런 간극이 존재하지 않는다는
사실에서 이런 중간의 상태는 완전히 깨어 있는 상태와 구별된다.
사물에 최초로 이름이 붙여진 곳이 바로 그곳이다. 나는 그곳에서
태어나기 전의 나, 수태될 때의 나를 보았다. 지금의 나는 자궁 속의 그
태어나려 했던 생명 쪽보다 죽음 쪽에 시간적으로 더 가깝게 있다.
수태된 생명은 자라나 꼴을 이루려는 목표를 가진다. 그러나 이 최초의
존재는 비록 아직 꼴이 없긴 하지만 막연하거나 중성적이진 않다.
〔나는 '중립적'이란 말보다 '중성적'이란 말을 쓴다. 아직 미분화한
성(性)이긴 하지만 성이 부과되어 있기 때문이다.〕 나는 거처 없는
존재였고 순결했다. 불특정한 존재였으므로 누군가가 나를 공격할
수도 없었다. 어떻든 나는 행복하기도 했다. 이 행복의 이미지, 내가
완전히 깨어 있는 의식 쪽으로 몰래 가져올 수 있는 단 하나의
밀수품인 이 이미지는, 그러나 내 자신의 모습이 아니라―그 쪽에서는
나의 모습이란 것이 있을 수 없었다―나와 비슷한 어떤 이미지였다.
어떤 바위의 표면, 그 표면 위로 엷은 막을 만들면서 끊임없이 물이
흘러가는 암석의 모습이었다.

우리는 둘 다 작가다. 반듯이 드러누워 밤하늘을 바라본다.

토니 굿윈은 이제 어디에 있나? 죽어 버린 그는 더 이상 다시는 어느 곳에서도 존재할 수 없다. 존재하기를 그친 것이다. 물리적으로 맞는 말이다. 사람들은 이 주 전 과수원에서 낙엽을 태웠다. 마을로 내려가다가 재들이 놓여 있는 곳을 지나갔다. 재는 재다. 시간적으로 말해 토니의 생명은 과거에 속한다. 또한 물리적으로 말한다면, 그의 육체는 화장을 통해 탄소성분으로 환원되어 세계의 물리 과정 속에 재투입되었다. 탄소는 모든 형태의 생명에 필수적인 요소로 유기체를 만드는 재료이다. 나는 지금 불멸에 대한 그럴듯한 연금술을 꾸며내기 위해서가 아니라, 시간은 죽음에 의해 가차없이 추궁당한다는 나의 시간관을 내 자신에게 상기시키기 위해 혼잣말을 하고 있다. 우리 자신을 단순화하기 위해 죽음을 이용하고픈 의향은 없다. 토니는 그와 최근까지 동시대인이었던 사람들이 살아가는 시간의 유대 안에는 더 이상 존재하지 않는다. 그는 그 유대의 변연(邊緣)에(원주와 같은 변연이 아니라 어떤 영역권의 변연) 마치 다이아몬드처럼 혹은 아메바처럼 걸려 있다. 그러나 모든 죽은 사람들이 그러하듯, 그 역시 그 유대에 속하긴 한다. 그들은 더-이상-삶이-없는-모든-존재로 거기 있다. 죽은 자들은 산 자들의 상상에 의해 존재한다. 죽은 자에게 이 변연은 산 자에게와는 다르게 어떤 경계도 장애도 아니다.

    죽은 자의 맥박은
      개똥지빠귀를 싸 안아 가두는
    정적만큼이나
    영원히 한결같다.

죽은 자의 눈망울들은
　　우리 손바닥 위에 새겨져 있다.
마치 우리가 개똥지빠귀를 싸 안아 가두는
이 땅 위를 걷듯이.

내 앞 테이블 위에는 한 장의 사진이 놓여 있다. 모종의 고발 사건에 연루될 수 있는 사진이다. 터키와는 수천 마일 멀리 떨어져 있지만 여기 이 책의 지면에는 사진을 인쇄하지 않고 비워 두는 것이 낫겠다. 사진에는 앙카라 교외 어느 판잣집의 한 방에 여섯 남자가 일렬로 서 있다. 이 년 전, 정치위원회 회합 후에 찍은 사진이었다. 그 중 다섯은 노동자다. 이십대 후반부터 오십대까지의 사람들이다.
모두는 각자의 어머니의 눈에 새겨진 자식의 모습만큼이나 뚜렷이 구별되는 외모다. 머리가 벗겨진 사람, 곱슬머리, 마르고 억세 보이는 두 사람, 넓은 어깨에 통통하게 살찐 사람, 이렇게 제각각이다. 모두가 몸에 꼭 끼는 싸구려 바지와 윗도리를 걸치고 있다. 이들의 옷과 부르주아들의 정장과의 차이는, 이들이 사는 수도 앙카라의 빈민가와 기업가와 상공인들이 사는 프랑스 가구로 꾸며진 저택들의 차이만큼 현격하다.

설혹 공중 목욕탕 같은 곳에서 옷을 벗고 있다 해도 경찰이나 군 관계자들은 이들이 노동자임을 쉽게 알아볼 수 있을 것이다. 표정을 감추기 위해, 또 칭찬해도 좋을 만큼 무관심함을 가장하면서 눈을 반쯤 내리뜨고 있지만, 그들의 사회적 계급은 여전히 뚜렷이 드러난다. 설혹 요정의 도움을 받아 협잡꾼을 정부로 둔 여인의 표정—달콤한 매력과 나른한 무관심, 그리고 탐욕스런 표정—을 완벽하게 흉내냈다 해도, 당당하게 고개를 쳐든 그들의 모습은 그런 완벽한 가장을 무용하게 만들고 있다.

마치 나이 열다섯이 되면 목 잘리게 될 것임을 수태의 순간에 선고받은 것 같은 모습이다. 그때가 왔을 때, 모든 노동자들이 그러하듯 그들은 저항했다. 다행히 목숨은 부지되었다. 그러나 그 저항의 긴장과 집요함은 그대로 유지되어 왔고, 지금도 목덜미와 어깨 사이에 그대로 남아 있는 것이 보인다. 세상에 있는 대부분의 노동자들은 이와 동일한 흔적을 그들의 몸에 지니고 있다. 사고와 상상이 지속되고는 있지만 이제는 스스로의 시간과 노동 에너지에 대한 소유권을 빼앗긴 그들의 머리로부터 그들 육체의 노동력이 어떻게 비틀려 떼어졌는지를 나타내 주는, 하나의 증표로서의 흔적 말이다.

판잣집 방 안의 이 다섯 사람에게 저항은 하나의 반사작용 이상의 것이요, 육체가 부당하다고 파악한 것에 대해 근육이 행하는 원시적인 거부 이상의 것이다. 왜냐하면 육체의 노력에 의해 끊임없이 만들어지는 것들이 그 만든 사람의 손으로부터 곧바로 또 돌이킬 수 없이 탈취되기 때문이다. 저항은 고조되었고, 그 저항은 그들의 사상과 희망, 그들의 세계관 속으로 녹아들어 갔다. 나를 뚫어져라 쳐다보면서 그 다섯 얼굴은, 그들의 육체가 저항적임을 넘어 전투적임을 다짐하고 있다.

1980년 9월의 쿠데타 이후, 이들 다섯이 속해 있는 좌파
노동조합연합인 DISK는 다른 여러 정당과 함께 불법 단체로
규정되었다.
적어도 오만 명이 체포되었다. 검찰은 수백 명에게 사형을 구형했는데,
특히 전투적인 노동조합원들에 대해 그랬다. 더 많은 이름들을 불게
하고 관련자들을 색출하기 위한 고문과 인간 사냥이 조직적으로
자행되고 있다. 이 사진이 모종의 고발사건에 연루될 수 있다는 것은
바로 이런 이유 때문이다.(이 책이 씌어진 때가 1980년대 초반이다
—역자)
수천의 사람들이 소식도 없이 사라지고 있다. 지금까지 최소 팔십 명이
고문으로 죽었다. 내가 바라보고 있는 이 다섯 사람 가운데 적어도 한
사람은 아마 이 시간 고문당하고 있을 것이 틀림없다. 그 어머니에게는
세상에 둘도 없을 그의 몸은, 상상도 못할 고통을 지금 당하고 있는
것이다.
이 한 장의 사진은 정치에 대해 많은 것을 말하고 있다. 정치란
원천적으로 억압할 수 없는 것임 또한 말하고 있다. 그들의 연인들,
아이들, 그들의 노래, 그들 나라 아나톨리아(Anatolia, 터키 땅의 옛
나라 이름)에 대한 모든 기억과 더불어 이 다섯 남자는 그 누구의
하수인도 아니다. 때로 잘못 지휘되고 부주의하게 조직되며, 가끔 자기
지도자들의 카리스마적 방종 때문에 어이없이 희생되곤 했지만,
그들은 그 어느 것에도 놀라지 않았다. 그들은 자신들이 너무도 잘
알고 있는 현재의 이 세상을 그대로 두고는, 그 어느 것도 나아질
것이라고 기대할 수 없었다.
그들은 아나톨리아에서는 겨울이 되면 반드시 눈이 오고, 여름이 되면
반드시 가뭄으로 짐승이 죽어 가는 사실을 알고 있었다. 그렇듯
노동운동에는 항상 억압이 뒤따른다는 사실도 알고 있었다.

유토피아는 양탄자 위에서만 존재한다. 하나, 그들의 삶을 지배해 온 것들을 더 이상 참을 수 없다는 사실 역시 그들은 알고 있다. 참을 수 없다고 말하는 것은 그것 자체로 하나의 희망이다.
참을 수 없다고 일단 말해지면 그곳엔 행동들이 따르게 마련이다. 이런 행동들은 인생의 모든 영고성쇠에서 다 나타난다. 나아가 순수한 희망은 참기 어려운 것을 그렇다고 말하는 능력에 우선적으로 또 신비스럽게 존재한다. 그리고 이 능력은 아주 멀리서 온다. 과거로부터 또 미래로부터 온다. 정치운동과 용기가 필수적인 이유 또한 바로 이런 것이다. 고문자가 설치는 시간은 고뇌의 시간이지만 오로지 현재에 속한 시간일 뿐이다.
판잣집 방 안의 다섯 남자들의 사진에서 얼굴들을 지워 버리면 이 사진은 사건과는 무관해진다. 몸에 꼭 끼는 옷, 손, 머리가 없는 목깃들만이 드러나 있을 것이다. 그러나 이처럼 머리가 없는 몸들은 지금 이 시간 고문자들의 손에 놓여 있다. …아메드, 살리브, 메메트, 데니즈, 케림… 하지만 결국 끝은 올 것이다.

겨울 햇빛 아래, 흰 천사 석상의 날개 끝은 마을 뒤편에 있는 매의 몸 색깔을 띤 높은 절벽에 그림자를 남기고 사라져 간다. 천사는, 이미 다리가 꺾이고 급격히 죽음 쪽으로 떨어져 가는 한 병사의 손목을 잡고 있다. 병사를 구원하는 모습의 천사가 아니다. 단지 쓰러지는 병사를 가볍게 붙잡고 있는 듯이 보인다. 하지만 마치 환자의 맥박을 재는 간호사처럼 천사의 손에는 아무런 무게가 실려 있지 않다. 병사가 도움을 받는 듯이 보인다면 천사와 병사가 같은 돌에 조각되어 있다는 단지 그 이유 때문이다.
석상의 토대석에는 1914년에서 1918년 사이의 전쟁에서 죽은

마흔다섯 사람의 이름이 새겨져 있다. 토대석의 반대쪽 면에는
제이차세계대전 후에 추가된 스물한 사람의 이름이 있다. 이 스물 한
사람 중 일곱은 독일 강제수용소에 끌려가 죽임을 당했고, 그 나머지는
이 기념비 가까이에서 기관총에 사살되었다. 모두가
마키 대원(이차대전 중 프랑스의 반독 유격대—역자)이었다. 그 중 몇
사람은 죽기 전 안마스 지역의 게슈타포 본부였던 팍스 호텔에서
고문당했다. 간호사의 손을 지닌 저 수호천사는 명망 높던 그 호텔과
마우트하우젠과 다하우와 아우슈비츠에서도 자신을 나타내 보였을까.
이들 중 많은 사람들은, 비록 지울 수 없는 상처를 품고서라도 해방된
자기 나라의 마을을 평온한 마음으로 다시 걸어 보는 미래의 어느
아침에 대한 꿈을 가지고 있었다. 이 천사 석상은 그런 아침을
상징한다.

1981년 7월 16일 오전 열한시. 나는 미래에 다가올 도시들과 그들의
휘황한 신기술에는 관심이 없었다. 그들 도시의 몰락에도 관심이
없었다. 그 시간, 내가 본 것은 예언과는 전혀 무관한 것들이었다.
나는 단지 내게 너무 낯익어 막대기 하나만 있다면 눈을 감은 채 걸어
내려갈 수 있을 어느 마을의 길을 마음속으로 보고 있었다. 수년 전 한
맹인이 죽었다. 날 때부터 눈이 멀었던 그는 사 킬로미터나 떨어진
작은 동네로부터 마을로 걸어 내려올 수 있었다. 그가 기르던 벌들이
마을 전체에서 꿀을 가장 많이 생산했다. 도끼로 혼자서 손을 다치지
않고 장작을 패곤 했다.
오전 열한시, 햇빛 가득한 푸른 하늘이었다. 산맥 저쪽으로 흰 구름 몇
조각이 빠르게 흘러가고 있었다. 북풍이 불고 있었다.
나는 그 순간, 미래로부터 바라보듯이 그 마을의 길을 보았다. 내가

바라보고 있던 것들은 홀연히 먼 과거의 것이 되었다. 이런 바뀜은
너무 고요한 바뀜이어서, 마치 정적을 대하는 것 같았다.
삼색기가 나부끼는 읍사무소 앞에 서 있던 남자와 여자들은 이제 그들
후손들의 마음속에 남아있는 이미지로 바뀌어 있다. 그들은 과거의
신비와 영속성을 지니면서 일종의 완결된 미완성을 획득하고 있었다.
후손들의 지식과 행동에 의해 완성되기를 기다리고 있는 한편으로,
그들 스스로를 완결시켜 버렸기 때문에 그들은 이미 완성된 것이다.
더 이상 다른 무엇을 할 필요가 없었다.
나는 그 맹인이 마을로 내려가는 길을 마음속으로 바라보았듯이
미래를 바라보았다.

> 가끔 나는 책을 한 권 쓰고 싶은 충동을 느낀다.
> 전적으로 시간에 대한,
> 시간이 존재하지 않는 방식에 대한,
> 그리고 과거와 미래가
> 하나의 연속된 현재가 되는 방식에 대한 책을.
> 나는 모든 사람들—살고 있는 사람,
>   살아온 사람,
> 그리고 앞으로 살아갈 사람들—은 현재에 살아 있다고 생각한다.
> 마치 군인이 소총을 분해하듯이,
> 나는 시간이라는 주제를 조각조각으로 나누어 다루고 싶다.

예브게니 비노쿠로프(Yevgeny Vinokurov)가 썼던 시다.[1]

시의 한때

시는, 비록 해설적인 경우라도 소설과는 다르다. 소설은 승리와
패배로 끝나는 모든 종류의 싸움에 대한 것이다. 소설 속에서는 모든
것이 결과가 분명히 드러나게 되는 끝을 향해 진행해 간다.
시는 그런 승리와 패배에는 관심이 없다. 시는 부상당한 이를
돌보면서, 또 승자의 환희와 두려움에 떠는 패자의 낮은 독백에 귀를
기울이면서, 싸움터를 가로질러 간다. 시는 일종의 평화를 가져다
준다. 값싼 안심이나 마취에 의해서가 아닌, 일단 한번 경험된 것은
어떤 것이라도, 아무 일도 없었던 것처럼 사라질 수 없다는 약속과
인식에 따른 평화이다. 그러나 그 약속은 기념비에 대한 약속이
아니다. (여전히 싸움터에 있으면서 누가 기념비를 바랄 수 있겠는가.)
언어야말로, 외치고 요구하는 그 경험들을 받아들이고 깃들이게 하는
안식처라는 사실에 대한 약속인 것이다.
시는 소설보다는 기도 쪽에 더 가깝다. 하지만 시에는 그 언어 이면에,
기구(祈求)의 대상이 되는 어떤 존재도 없다. 언어 그 자체가 듣고
받아들여야만 한다. 종교적 시인에게 말은 신의 첫째 속성이었다. 모든
시에서, 낱말들은 소통의 수단이기 이전에 하나의 현존이다.

하지만 시 역시 다국적 기업의 연간 보고서에서 사용되는 것과 동일한 낱말을 쓰고 구문 역시 유사하다. (그 기업들은 자신의 이익을 위해 현대의 가장 참혹한 전쟁들을 만들어낸다.) 그렇다면 시는 어떤 묘안을 통해 언어로 하여금 단순한 정보전달에서 벗어나 하나의 작은 신(神)의 역할을 확인하고 약속하며 충족시키도록 변환되게 할까. 시와 기업 보고서가 동일한 낱말을 쓰는 것은, 등대와 감옥을 같은 채석장에서 나온 돌과 같은 모르타르로 만드는 것과 마찬가지다. 낱말들이 이루어내는 관계성에 모든 것이 달려 있다. 그리고 이런 관계성은, 작가가 언어에 대해 어휘나 구문, 나아가 구조로서가 아니라, 하나의 본질, 하나의 현존으로 관계하는 것을 말한다.
시인은 언어를 시간이 미치지 못하는 곳에 자리시킨다. 보다 정확히 말하면, 시인은 언어를, 시간 자체를 에워싸고 포함하면서 시간이 절대성을 주장하지 못하는, 어떤 조립의 공간으로 보면서 그것에 접근한다.
시가 때때로 주장하는 자신의 불멸성은, 특정한 문화사 안에 있는 특정한 시인의 천재성보다 훨씬 깊은 차원에서다. 여기서의 불멸성은 사후의 명성과는 구별되어야만 한다. 시가 불멸을 말할 수 있는 것은, 과거와 현재 그리고 미래의 모든 경험을 언어가 껴안을 수 있다고 하는 믿음에서, 언어에게 스스로를 내맡기기 때문이다.
시의 약속에 대해 말하는 것은 일을 그르칠 수 있다. 왜냐하면 약속은 미래를 향해 발해지는 것인 반면, 시는 정확히 미래와 현재 그리고 과거의 공존을 제시하기 때문이다. 하나의 약속이 미래뿐만 아니라 현재나 과거에도 적용된다면, 그 약속은 오히려 확신이라 불려야 하리라.

암스테르담에서의 한때

미술사가들은 엄청난 주의를 기울여 가며 그림의 연대를 매기고 목록과 전단, 경매 리스트를 챙긴다. 하지만 모델의 나이와 연관된 증거를 그림에서 찾아내는 데는 아주 무관심하다. 기이한 일이다. 마치 이 점에서는 미술사가들이 화가들을 불신하는 것처럼 보이기도 한다. 이를테면 헨드리키에 스토펠스(Hendrickje Stoffels)를 그린 렘브란트(Rembrandt)의 그림들을 연대순으로 정리하려고 할 때처럼 말이다. 렘브란트만큼 나이가 들어가는 과정을 그려내는 데 달인이었던 화가가 없었고, 렘브란트만큼 자신이 사랑하던 여인을 친근하게 그려 우리에게 남겨 준 사람도 없다. 여러 가지 추측을 담고 있는 기록들이 있지만, 헨드리키에와의 사랑은, 화가가 죽기 육 년 전 헨드리키에가 죽을 때까지, 이십 년간 이어졌다는 것이 그림들을 통해 분명히 드러난다.

그녀는 렘브란트보다 열 살 혹은 열두 살 어렸다. 그림을 통해 볼 때, 화가가 처음 그녀를 그렸을 때의 그녀 나이는 스물일곱을 넘지 않은 것이 확실하고, 그녀가 사망한 나이는 최소 마흔다섯은 된 듯하다. 헨드리키에가 낳은 딸 코르넬리아가 세례받은 해는 1654년이었다.

헨드리키에가 삼십대 중반에 아이를 낳은 것을 의미한다.
에든버러 내셔널 갤러리에 소장된 〈침대 위의 여인〉은 나의 판단으로
코르넬리아 출생 전후에 그려진 작품이다. 미술사가들은, 이 작품이
사라와 토비아스의 신혼 초야를 표현한 큰 작품의 한 부분으로
그려졌다고 추측한다. 렘브란트는 작품에서 늘 성서적 제재를
사용했다. 만약 앞의 추측이 맞다면, 렘브란트는 이 그림을 통해 그가
사랑한 한 여인을 가장 친밀하게 그려내어 후세의 우리에게 남긴
것이다.(사라는 일곱 번 결혼했으나, 남편들이 신혼 초야에 모두
죽는다. 그런 후 천사에게 인도된 여덟번째 남자인 토비아스와
운명적인 결혼에 성공한다. 구약 외경의 얘기이다 — 역자)
헨드리키에를 그린 다른 그림들도 있다. 루브르 박물관의 〈밧세바〉와
런던 내셔널 갤러리의 〈목욕하는 여인〉 앞에서 나는 말을 잃는다.
그림들이 보여주는 천재성 때문이 아니다. 그 그림들이 연유된, 그리고
그림들이 표현하고자 한 삶의 경험들 — 세상의 역사만큼 끈질기게
스스로 드러나는 욕망, 세상의 끝 같은 미묘함, 낯익은 몸에 대한
사랑을 마치 처음처럼 끝없이 재발견해 가는 눈 — 이 모든 것들은 말
이전에 다가와 말의 영역 너머로 옮아가 버리기 때문이다. 다른 어떤
그림들도 그토록 능숙하게 또 강력하게 침묵을 이끌어내지는 못한다.
하지만 두 그림에서 헨드리키에는 스스로의 동작에 몰입되어 있다.
화가가 그녀를 보는 시선에는 최대한의 친밀감이 있다. 그러나 둘
사이에 주고 받음이 있는 친밀감은 아니다. 그림에는 헨드리키에의
사랑이 아닌 화가의 사랑이 그려져 있다.
〈침대 위의 여인〉에서는 화가와 여인 사이에 존재하는 일종의 공모의
분위기가 드러나 있다. 그 공모는 조신함과 분방함, 낮과 밤을 함께
포함하고 있다. 헨드리키에가 손으로 들어올리고 있는 침대의 커튼이
낮과 밤의 경계를 나타내 준다.

낮의 편에서 보면, 렘브란트는 이 그림이 그려진 이 년 후에 파산 선고를 당한다. 역시 낮의 영역으로서, 이보다 십 년 전 헨드리키에는 렘브란트의 어린 아들의 유모로 그의 집에 들어온다. 17세기 네덜란드의 엄격함이나 칼뱅주의의 관점에서 볼 때, 가정부와 화가 사이에는 분명히 구분된 책임감이 있다. 이것이 조신함의 배경이다. 밤의 편에서는 그들은 자신들의 세기를 탈출한다.

> 목걸이 하나가 그녀의 두 유방 사이에 느슨히 달려,
> 그것들 사이에서 서성이고 있다.—
> 이것은 서성임일까,
> 아니면 끊임없는 도달일까?—
> 영원의 향기,
> 잠처럼 오래 된 향기는
> 죽은 자와 산 자 모두에게 낯익다.

베개에서 일어나 몸을 앞으로 기울이면서 그녀는 손등으로 커튼을 들어올리고 있다. 손바닥과 얼굴은 이제 사랑할 준비가 다 되어 있다는 제스처를 보이면서 사랑의 행위를 환영하고 있다.
그녀는 아직 잠들지 않았다. 그녀의 시선은 다가오는 남자를 따라 움직이고 있다. 그녀의 얼굴에서 둘은 하나로 합쳐져 있다. 그가 기억하고 있는 침대 속 그녀의 이미지와, 그녀 얼굴 속에 나타나 있는 침대로 다가오는 그의 이미지. 이제 이 두 이미지를 분리시키는 것은 불가능하다. 밤인 것이다.

그림의 한때

그림들은 움직이지 않는다. 한 그림을 반복해서 며칠간 혹은 몇 년간 들여다보는 경험에서의 독특함은, 그 들여다보는 시간의 한가운데서 이미지는 변함 없이 그대로 유지된다는 것이다. 역사적 혹은 개인적 사건들에 의해 이미지의 중요성은 물론 변하지만 그려진 내용은 변함이 없다. 같은 병으로부터 같은 우유를 따르며, 바다의 파도는 변함 없이 같은 모양이고, 얼굴과 미소 역시 변함이 없다.

회화는 순간을 담아내는 것이라고 말하고 싶은 유혹을 받는다. 그러나 생각해 보면 이것은 명백히 사실과 다르다. 왜냐하면 사진이 찍히는 순간과는 달리 그림이 그려지는 순간이란 존재하지 않기 때문이다. 따라서 회화가 순간을 담아낸다는 말은 맞지 않다.

초기 르네상스 미술과 비유럽 문명권 회화, 그리고 현대 회화 등에서 시간의 흐름을 나타내는 이미지를 발견할 수 있다. 그런 그림들에서는 과거, 현재, 미래가 보인다. 중국의 도인이 이 나무에서 저 나무로 걸어가며, 아이가 차에 치이고, 나체의 여인이 계단을 내려온다. 이미지들의 간극 너머 존재하는 동적인 세상을 나타내고는 있지만, 그러나 모든 이미지들은 여전히 정지해 있다. 움직이는 것과 움직이지

않는 것이 만들어내는 저 기이한 대조의 의미가 무엇인가 하는 물음이
드러난다. 너무도 이질적인 두 속성이 아주 당연한 것처럼 어울려 있기
때문에 기이한 것이다.

하나의 그림이 완성되는 때는 언제인가? 그것은 그림이 이미 있는 어떤
사물에 꼭 들어맞을 때—마치 한 켤레의 신발 중 나중 만들어지는 한
짝처럼—가 아니다. 화가가 그리 되어야 한다고 느끼고 의도한 대로
그림이 보이는, 예측했던 이상적 순간이 이루어지는 때를 말한다.
하나의 그림을 그리는 길고 짧은 과정은 그런 순간을 구성해 가는
과정이다. 물론 그림이 보이는 순간에 대한 완벽한 예측은 불가능하며,
따라서 그 순간을 회화로 완벽히 성취하는 것 역시 가능하지 않다.
그럼에도 불구하고 모든 회화는 본질상 그 순간에 초점이 맞춰져 있다.
회화의 이런 속성은 평범한 화가에게나 대가에게나 차이가 없다.
차이가 있다면, 그림이 전달하려 한 것이 무엇인가와, 또한 화가가
예측한 그 보이는 순간이, 그림을 둘러싼 상황들(후원자, 양식,
사상)이 바뀌었을 때 실제로 보이는 순간과, 얼마나 가깝게
맞아떨어지는가이다.
어떤 화가들에게는, 그림이 일정 단계에 도달했을 때 거울에 비춰 보고
확인하는 버릇이 있다. 반전된 이미지를 보는 것이다. 신선한 시각으로
새롭게 볼 수 있다고 그들은 말한다. 그 화가들은 그림이 완성되어
보이는 미래의 순간을 거울 속에서 흘끔 훔쳐보는지도 모른다.
모든 완성된 그림은, 일 년 된 그림이든 오백 년 된 그림이든, 이 순간
그림 앞에서 관객이 보고 있는 것들을 미리 예측한 과거로부터의
예언이다. 어떤 예언은 쉽게 낡아 그 자리를 잃는가 하면, 또 다른
예언은 지속적인 진실로 남는다.
그렇다면, 사람들로 하여금 그림의 그런 정적(靜的) 이미지에 그토록

빠져들게 하는 것은 대체 어떤 이유에서일까. 정적이라는 그 이유
때문에 그림은 무력할 수밖에 없다고 내치는 것을 막아 주는 것은 과연
무엇인가.
장래 어떤 식으로 보일까에 대한, 그림이 가진 예언 능력이라고 말하는
것은 이 질문에 대한 진정한 답이 될 수 없다. 그런 예언들은 정적인
이미지에 대한 흥미가 지속될 것임을 가정하고 있다. 어째서 적어도
최근에 이르기까지, 그런 가정이 정당화해 왔을까. 회화는, 정적인 그
이유로 인해, '손으로 만질 듯한' 구체적인 시각적 조화를 담보할 힘을
가지고 있다는 것이 전통적으로 내려오는 대답이다. 정지된
것이어야만 동시적인 구성이 가능하며, 따라서 높은 완성도를 지닐 수
있다는 말이다.
음악을 작곡할 경우, 시간을 사용하기 때문에 시작과 끝을 가질 수밖에
없다. 회화는 물리적 대상으로 볼 경우에 한해 그 시작과 끝이 있다.
이미지의 차원에서는 시작도 끝도 없다. 회화에서, 구성과 조화,
형식이 가능해지는 것은 회화의 이런 속성에 의해서다.
하지만, 이런 방식의 설명들이 내겐 너무 제한적이고 미학적인 것으로
여겨진다. 역동적이고 생생한 모델과, 그림으로 고정된 정적인 형태
사이의, 이런 명백한 엇물림의 대조가 존재하려면 거기엔 반드시 어떤
긍정적인 이점이 있어야 한다.
회화 이미지의 부동성(不動性)이 영원성을 말하는 것은 아닐까.
그렇다고 회화가 보이는 자신의 모습에 대한 예언이라는 사실이, 현대
아방가르드주의의 관점과 어떤 연관이 있는 것은 결코 아니다. 지금
오해를 받는 예언자들이 미래에는 반드시 모두 명예를 회복한다는
것이 그들의 관점이다. 과거, 현재, 미래는 영원성이라는 공통의 토대
위에 존재한다. 이 사실이 중요하다.
회화가 정적이기 때문에, 회화 예술의 언어는 이런 영원성의 언어이다.

그러나, 그 언어는 기하학과는 달라서 심미적이고 개별적이며 덧없는 것에 대해 얘기한다.

뱃사람은 수만 리 먼 곳으로부터
한 통의 편지를 받는다.
아내는
저 절벽 너머의 머언 집에서
행복하다고
쓰고 있다.

아내의 편지는,
말을 알아들을 수 없는 이국의 항구들에서
여인들과 보내는 밤들과 함께한다.
또한, 바다를 건너가는 긴 세월을
저주하는 뱃사람에게,
끝없을 듯한 그의 항해가
결국은 끝나리라고 설득한다.

삶의 한때

내가 건초를 긁어모으고 있던 평지의 북쪽 약간 높은 지대에 작은 언덕이 있었다. 이 언덕에는 그냥 내버려진 세 그루의 배나무가 있었는데, 두 그루는 잎이 무성했고 한 그루는 잎 없이 앙상한 둥치만 남은 채 죽어 있었다. 커다란 흰 구름장들이 떠 있는 파란 하늘이 나무들 뒤로 펼쳐져 있었다.
전혀 신경 쓰지 않았던 이 작은 풍경이 내 눈을 사로잡았고 나를 기쁘게 했다. 그냥 살아 있는 생명을 느끼게 해주는, 알지도 못하고 별로 두드러진 것도 없는 어떤 얼굴을 거리에서 보았을 때의 그런 기쁨이었다.
잠시 후 나는 누군가가 나를 보고 있다는 느낌을 받았다. 순간, 언덕 위에 어떤 사람이 서 있다는 생각, 혹은 한 소년이 배나무 위로 올라가고 있다는 생각이 들었다. 죽은 나무 하나를 사이에 두고 살아 있는 두 나무가 서 있었다. 하지만 사람은 어디에도 없었다.
인간이 동물을 놀라게 할 때, 혹은 그 반대의 경우, 그들의 시선이 움직이는 궤적에는 한순간 다른 모든 것이 배제된다. 마치 어떤 동물을 마주하고 있는 느낌이었다. 인간과 동물 사이에는 통상 평등한 존재감이 있다는 사실에서만 달랐다. 어떤 불평등이 거기 존재함을 느낄 수 있었다. 나를 바라보는 저 작은 풍경의 존재감이 나보다 월등했던 것이다.

세 그루의 배나무는 각기 다른 모습이었다. 나뭇가지들의 마디가 또렷이 드러났고 나뭇잎들이 움직이는 모습을 볼 수 있었다. (오후 내내 남풍과 북풍이 한 호흡보다 짧은 시간 만큼 번갈아 가며 부드러운 미풍으로 서로 다투듯 불고 있었다.) 배나무 아래의 땅은 다른 곳과는 다르게 변해 있었다.

당신을 만나지 못했더라면, 그렇게 일어나고 있던 그 변전(變轉)을 무어라 이름 붙이지 못했을 것이다. 이제 이 나이가 되어, 나는 말할 수 있다. 그건 사랑의 녹아 듦이었다고.

세 그루 배나무, 그들이 서 있는 언덕, 맞은편 계곡, 수확이 끝난 들녘, 그리고 숲. 이 모든 것이 이리저리 휘돌고 있었다. 산들은 더욱 높아지고, 나무와 들녘은 이만치 가까이 다가들었다. 눈에 보이는 모든 것이 나를 향해 다가왔다. 아니 그보다는, 모든 사물들이, 내 존재가 무화(無化)해 버린 그 자리를 향해 모여들었다는 편이 낫겠다. 그랬다, 나는 모든 곳에 있었다. 죽은 배나무에서와 마찬가지로 계곡을 가로지르는 숲 속에, 건초를 모으던 들녘에서와 마찬가지로 저 산 속에, 나는 모든 곳에 존재했다.

렌즈를 통해 본 한때

우리가 함께 쓴 소설들 중의 한 등장인물이, 소설이 진행되는 어느 지점에서 자신의 근원에 대해 묻고 자신이 알고 있는 운명 저편의 것에 대해 예측하려 한다고 가정해 볼까. 그의 의문과 사색은, 사상가들이 우주에 대해 사색할 때 이르게 되는 것과 유사한 가설들(무한, 우연, 불확정성, 자유의지, 굴절 공간과 시간 등등)로 그를 이끌어 갈 것이다. 소설쓰기와 형이상학은 이처럼 서로 연결되어 있다.

인생을 산다는 것은 소설을 집필하는 것과 같다는 생각이 널리 퍼져 있다. 합리주의는, 자연의 법칙은 피할 수 없이 기계적이라고 말하면서 이런 생각을 배척해 왔다. 그러나 최근의 과학적 연구 결과는 우주의 운행 과정이 기계보다는 두뇌의 그것과 유사하다는 쪽으로 나타나고 있다. 너무 심하게 의인화한다고 많은 과학자들이 항의하겠지만, 그 '두뇌'를 작가로 간주하는 일 또한 다시금 설득력을 얻고 있다. 이렇듯 소설쓰기의 형이상학은 단순히 문학적 관심에 머물기를 거부한다.

우리가 써내는 인물들은 주관적 혹은 객관적 지식에 의해서가 아니라, 우리가 쓴 얘기 속에서 그 인물들이 경험하는 시간에 의해 우리와 서로 떨어져 있다. 이런 나뉨에 의해 우리 작가들은 전체를 파악하는 힘을 갖는다. 그러나 역으로 이 나뉨은 우리를 무력하게 하기도 한다. 일단 글쓰기가 시작되면 작가는 소설 속의 인물들을 제어하지 못한다. 우리는 어쩔 수 없이 그들을 따라가야 하고, 이런 수행(隨行)은 그들이 살고 있고, 작가인 우리가 지켜 보고 있는 그 시간을 종횡으로 누비면서 이루어진다.

시간은 그들에게 속해 있다. 따라서 소설도 그들 것이다. 그러나 그 소설의 존재 가치, 다시 말해 그 소설의 의미는 우리에 의해 발견되고 우리를 고무시키는 어떤 것들이다. 왜냐하면 우리는 그들의 시간을 초월해 있기 때문이다.

소설을 읽는 사람들은, 하나의 렌즈를 통해 보듯, 모든 것을 본다. 이 렌즈야말로 소설 작법의 비밀이다. 렌즈는 덧없음과 영원 사이에서 매 소설마다 새롭게 연마된다.

우리 작가들이 죽음의 서기(書記)들인 것은, 죽을 수밖에 없는 짧은 삶 속에서 이 렌즈들을 연마하는 자들이기 때문이다.

어린 시절의 한때

졸리면 손가락을 입에 집어넣었다. 제 몸 맛이다. 그 맛은 잠처럼
전신을 덮는다. 자기 몸이니까 어떤 해로운 것도 없다.
분노. 그것은 울음으로 불안과 노여움의 동굴을 채운다. 울음은 이미
떠난 듯하면서도 아직은 스스로에게 깃든 채, 붉은 잎사귀들처럼 공기
속에 떠 얼굴을 덮고, 또 다른 울음을 불러일으킨다.
울음 후의 달램. 위 속에서 스스로 불어 대던 울음 나팔이 조용해진다.
꿀물처럼 조용한 달콤함이 가슴에 괸다. 이젠 입천장만이 약간 아플
뿐이다. 까닭 몰랐던 울음의 이유는 또 까닭 모르게 사라져 버린다.
기억하지 못한다는 것은 그것 자체로 아마 하나의 기억일 것이다.
딱히, 이름 붙이지 못할 경험들을 안고 산다. 막연하나마, 어떤
원초적인 힘들—더위, 추위, 아픔, 달콤함—이 떠오른다. 그리고 어떤
사람들 역시 기억된다. 그러나 동사나 명사는 전혀 기억되지 않는다.
이윽고 대명사 하나가 떠오르더라도 그것은 하나의 사실로서가
아니라, 아마 그럴 것이라는 것 정도에서이다. 이렇게 사실성이
부족하기 때문에 기억(어떤 역할로서의 기억과는 구별되는)에 없다고
말하게 되는 것이다.

어릴 적, 인간은 말이 존재치 않는 솔기 없는 경험을 산다. 말의 부재는, 모든 것이 끊김 없이 이어져 있음을 뜻한다. 모든 사람들에게 동시에 이해될 수 있는 이상적인 언어에 대한 최근의 희망은, 어쩌면 이 기억 없는 상태에 대한 기억에서부터 시작되었는지도 모른다.

벌거벗은 채 태어난 내 심장은
자장가 속에 감싸였지.
시간이 흐른 후에야 내 심장은
시를 옷처럼 입었네.
나는 내가 읽었던 시들을
셔츠를 입고 다니듯
등에 지고 다닌다네.

그렇게 나는 반세기를 살았네,
우리가 말없이 만났을 때까지.

의자 등받이에 놓여 있는 내 셔츠를 통해,
얼마나 긴 시간 마음을 닦으며
당신을 기다려 왔는지를
오늘 밤
나는 깨닫는다네.

오손에서의 한때

오손의 작은 우체국에는 푸른 눈의 여직원이 있다. 두 번 갔었다. 당신에게 소포를 부치러 갔을 때가 처음이었다. 여직원이 저울에 무게를 다는 것을 보면서, 나는 소포를 풀고 있는 당신 손을 머릿속에 그리고 있었다.
"사 킬로 삼백 그램이군요."
손으로 포장된 그 소포에는 전혀 무게가 나가지 않는 하나의 메시지가 들어 있다. 보내는 이의 손가락이 묶었던 매듭을 받는 이는 풀 것이다. 오손에서 내가 묶은 그 매듭을 풀고 있는 당신 손을, 나는 그 우체국에서 마음속으로 봤던 것이다.
열흘 후, 다시 읍내로 나가 그 우체국에 들렀다. 이번에는 당신에게 보낼 편지 때문이었다. 당신에게 소포를 보내면서 느꼈던 찌르는 듯한 상실의 고통이 기억났다. 그런데 내가 잃었던 것은 과연 무엇이었을까. 소포는 잘 도착했고 당신은 그 근대 뿌리로 수프를 만들었다고 했다. 오렌지 꽃으로 만든 증류액이 담긴 병은 그 벽장 안 당신 옷들 위의 선반에 놓아두었다고 했다. 소포가 어떻게 될까 하는 그 하잘것없는 미래가 잃어버린 것의 전부였다.

우리의, 죽은 이들에 대한 애도는, 그들의 잃어버린 희망에 대해서다.
소포를 들고 갔던 남자는 마치 죽은 사람과 같았다. 희망은 끝나
있었다. 그러나 편지를 들고 간 남자는 이제 다시 자신의 자리에
희망을 갖고 돌아가 있었다.

지나간 어느 한때

어떤 이의 죽음은 이미 그만의 것이다. 다른 누구에게도 속하지 않는다. 죽인 자에게마저도 속하지 않는다. 이것은 죽음이 원래 삶의 한 부분이었음을 의미한다. 예상되고 준비된다는 의미에서가 아니라, 죽음의 내용이 사전에, 적어도 부분적으로는, 결정된다는 의미에서 그렇다. 지난 시기에 말해지던 천리안과 같은 능력도 이런 사실에 기초하고 있었다. 세월이 흘러 자유에 대한 새로운 주장들이 등장했고, 모든 결정론들은 의심받게 되었다. 절대적 자유의 개념에 의해 직선적 역사 시간이 탄생되었다. 유일한 위안이 되어 준 것이 그런 자유였다. 그러나 시간이 단일한 직선 위를 움직여 가는 그때야말로, 미래의 사건에 대한 예측이나 운명 예정설은 결정론을 의미한다. 다시 말해 자유의 결정적 상실을 의미한다. 만일 시간이 여러 갈래로 존재하거나 순환한다면, 예언과 운명은 선택의 자유와 병존할 수 있다.

        태초에
        간격이라는 개념을 함께 만들어낸
        시간과 물질계(物質界)가

새벽이 시작되기 직전에
함께 도착하여,
문을 두드리며
술을 마셨다.

최초의 빛에 의해 술에서 깨어난 그들은
그날을 확인하면서
멀리 있는 것과, 과거와, 보이지 않는 세계에 대해
얘기했다.
아직 사라지지 않은
모든 것을 감싸고 있는
지평선들에 대해 얘기했다.

"전후(前後)의 이어짐과 상관없이 어느 한 시기에 일어난 역사적
내용만을 담아내는 것이 시간이라고, 단테는 생각했다. 역사의 목적은,
이와는 반대로 모든 이가 시간의 의미를 탐구하고 정복하는 데 있어
형제요 동료가 되도록, 시간을 한데 아우르는 것이다." —오시프
만델슈탐

19세기로부터 물려받은 모든 것들 중, 유독 시간에 관한 몇몇
원리들만이 제대로 검증되지 않은 채 남아 있다. 좌파와 우파,
진화론자와 물리학자, 그리고 대부분의 혁명가들, 이 모두가 적어도
역사적 차원에 관한 한, 단선적이고 동질적인 시간의 '흐름'을
받아들인다.
그러나 모든 사건들이 시간적으로 연관된다고 생각하는 동질적

시간이라는 개념은 인간 사고의 종합력에만 의존하고 있다. 은하계와 미립자는 그 자체로는 이 개념에 대해 아무것도 제시하지 못한다. 처음부터 현상학적 문제에 봉착한다. 실제 지각되는 경험이 있어야만 논리 전개가 가능하다.
시계와 규칙적인 지구의 자전이 있긴 하지만, 시간들이 서로 다른 속도로 흘러간다는 사실은 경험에 의해 알 수 있다. 이런 사실은 대개 주관적인 것으로 치부되어 폐기된다. 19세기의 관점에서 볼 때, 시간은 객관적이고 논의의 여지가 없으며, 절대적 중립성을 지니고 있기 때문이다.
그러나 우리의 경험은 쉽사리 폐기될 수 없다. 시계만을 보면 시간은 느리게 가지도 빨리 가지도 않는다. 그러나 우리는 경험에 의해 시간의 흐름이 단일 과정이 아닌 서로 대치되는 두 개의 역동적 과정을 가지고 있음을 알고 있다. 축적과 낭비가 그것이다.
어느 한순간을 깊이 경험할수록 경험은 더 많이 축적된다. 그런 순간이 오랫동안 기억에 남아 있는 이유도 바로 그 때문이다. 이 경우 낭비로서의 시간의 흐름은 저지된다. 살아 있는 시간은 길이의 문제가 아니라 깊이와 밀도의 문제다. 프루스트는 이것을 알고 있었다.
그러나 이런 사실이 문화적 진실로만 드러나는 것은 아니다. 자연에서도 식물들이 하루 만에 몇 밀리 혹은 몇 센티씩 자라는, 햇빛과 비가 함께 풍성한 봄이나 초여름에는, 살아 있는 시간의 밀도가 그 계절에 걸맞게 증가한다. 이런 극적인 성장과 축적 기간의 몇 시간을 씨앗이 땅속에 잠복해 있는 겨울의 몇 시간과 서로 동일하게 볼 수는 없다.
시간에 실려 움직여 가는 시간의 내용물은 여러 다른 차원을 가지고 있는 것 같다. 그것들을 사차원, 오차원, 혹은 삼차원이라고 부르는 것은 중요치 않다. 모두가 시공간 모델에 따른 명칭이다. 정작 중요한

것은, 이런 차원은 규칙적이고 동질적인 흐름의 시간 개념으로는
다루기 힘들다는 사실이다. 시간이 모든 것을 꼭같이 휩쓸어 가지는
않을 것이다. 그렇게 휩쓸었다고 하는 주장은 19세기에 특정된 하나의
신념이었다.
19세기 이전에는 이런 다루기 쉽지 않은 차원이 허용되어 왔었다.
시간에 대한 모든 회전적인 관점 속에 이런 사실이 나타난다. 그
시대에는 시간이 마치 바퀴처럼 스스로를 굴려 흐르고 지나갔다.
바퀴가 구르기 위해서는 마찰력을 제공하면서 저항하는 땅이
필요하다. 바퀴는 이 저항력에 반하면서 굴러갔다. 시간에 대한 회전적
관점에서는 두 개의 힘이 작용한다. 시간이 한 방향으로 움직여 가는
하나의 힘이라면, 그 움직임에 저항하는 다른 힘이 또 있다.
육체는 나이를 먹는다. 육체는 죽을 준비를 한다. 시간에 대한 어떠한
이론도 이런 사실을 유예하지 못한다. 죽음과 시간은 늘 연대해 왔다.
시간은 서서히, 죽음은 갑자기 자리를 옮기게 한다는 것만이 다를
뿐이다.
그러나 예전에는, 생명이 무(無)로부터 유(有)의 존재로 들어온다는
사실의 전제조건으로서, 죽음을 생명의 동반자로 생각하기도 했다.
삶과 죽음은 서로 상대방이 없이는 존재할 수 없다. 이런 연유로,
죽음은 완전히 없어지지 않고 다시 돌아온다고 여겨진 것이다.
사람들은 인생의 짧음에 대한 탄식을 계속해 왔다. 시간은 죽음의
대리인이자 삶의 한 구성요소이다. 그러나 영원—죽음이라도 이것은
파괴하지 못한다—은 다르다. 시간에 대한 모든 회전적 관점은
굴러가는 바퀴와 바퀴가 굴러가야 하는 땅이라는 두 가지 구성요소를
함께 가지고 있다.
주류적 근대사상에 의해, 시간은 이런 조화로움으로부터 벗어나
단일하고 전지전능하며 활동적인 힘으로 변질되었다. 근대사상은

이렇게 함으로써 유령과 같은 죽음의 속성을 시간의 개념에다 옮겨
놓았다. 시간은 이제 모든 것을 이기는 죽음의 신(神)이 되어 버린
것이다.
현대 천문학에서는 빛이 일 년 동안 간 거리를 길이의 단위로
사용한다. 이 단위에 내포되어 있는 간극의 크기는 거의 무한에
가깝다. 이런 크기는 순전히 계산법으로서만 존재하며, 그 계산법 역시
어떤 폭발적인 느낌을 안고 있다. 그러나 인간이 그런 무한을 생각하고
헤아리는 데 쓰는 개념 체계는, 우리가 발 딛고 사는 땅에서의 일
년이라는 단위에 기초하고 있다. 이 단위는 그 지속성과 반복성,
구체성에 의해 수용된다. 이렇게 하여, 돌아온 탕자처럼
천문학으로부터 구체적인 땅으로 그 계산법은 환원된다.
'여기와 지금' 이라는 구체성을 폐기할 수도, 폐기할 의지도 없는 인간
정신의 나약함과 그것이 앓고 있는 향수병에 대해서는, 두 가지 해석이
가능하다. 인간이 우주 내에서 얼마나 버림받고 무력한 존재인가를
증명해 주는 연약함으로 보는 것이 그 하나이고, 인간 정신 구조 내에
갈무리되어 있는 근본적 진실의 흔적으로 보는 것이 다른 하나이다.
17세기의 파스칼은 새로운 계산법들에 의해 야기될 전례 없던
광범위한 파멸을 인식하고 있었다. 시간과 공간이 무자비하게
확장됨에 따라 과거는 망실되고 무가치한 것으로 전락했다.
[무(nothingness)라는 단어가 이런 절대적인 뜻으로 처음 쓰인 것은
17세기였다.] 신은 죽음이라는 영원의 영역에서 살기 위해 삶을
버린다. 신은 더 이상 시간의 회전 속에 존재하지 않고, 더 이상 이런
회전의 축이기를 마다하면서, 존재를 기다리는 하나의 부재(不在)가
되어 버렸다. 온갖 계산법들은 그가 얼마나 오랫동안 기다려 왔고 또
앞으로도 기다릴 것인가를 분명히 보여준다. 아침이 오고 계절이
돌아오며 아기가 태어나는 것에서 신의 존재를 확인하던 시대는

끝나고, 신은 천국과 지옥의 '영원성'에서 또 최후 심판의 종국성(終局性)에서만 확인할 수 있게 된다. 인간은 이제 시간에 그 운명을 맡긴다. 시간은 더 이상 삶의 신성한 조건이기를 그치고, 가차없고 비인간적인 원칙이 되어 버린다. 바야흐로 시간은 선고와 처벌이 된다.

이제, 사망 선고를 유예받은 일부의 사람들만이 시간을 선물로 여길 수 있다. 파스칼의 유명한 도박―아마도 신은 존재하지 않으며 우리는 버림받은 존재이리라. 하지만 그가 존재한다고 가정하면서……―은 사망 선고를 받고 난 뒤, 그 집행에 대한 유예를 희망하는 하나의 전략이다.

모든 것을 양으로 따지는 현대 세계는 무한급수와 대수학과 더불어 시작했다. 이어서 인간은 이미 소유하고 있는 것을 세지 않고 소유하지 못한 것을 세게 된다. 모든 있음이 상실로 변해 버린 것이다.

엔트로피의 개념은 죽음의 신의 모습을 과학적 원리로 풀어낸 것이다. 그러나 죽음이 삶의 한 상태로 생각되어 왔던 것과는 달리, 엔트로피는 지금 살아 있는 것들뿐 아니라 생명 그 자체를 소진시키고 절멸(絶滅)시킨다고 주장되고 있다. 에딩턴이 말한 대로 엔트로피는 '시간의 화살'이다.

시간을 하나의 상태가 아니라 하나의 힘으로 인식하는 근대적 변환은 헤겔에서 비롯한다. 하지만 헤겔은 역사의 힘에 대해 낙관적이었다. 그보다 더 낙관적인 철학자를 찾아보기도 쉽지 않다. 그 뒤, 마르크스는 이 역사의 힘이 인간의 행동과 선택에 의해 좌우된다는 것을 증명하고자 했다. 시간이 지고의 힘으로 바뀌어 버린 근대적 변환을 받아들이는 동시에, 이런 지고의 힘을 인간의 손에 돌려주겠다고 희망한 점에, 마르크스 사상의 항존하는 극적 요소와 마르크스 변증법의 원초적 상충 요소가 자리한다. 그의 사상이 문자

그대로 거대한 이유 역시 이런 사실에 있다. 인간의 잠재력이나 인간에게 예상되는 힘 등, 다른 무엇이 아닌 인간의 역량이 영원성을 대체할 것으로 마르크스는 믿었다.

오늘날 서구에서는 자본주의 문화가 하나의 문화가 될 권리를 스스로 방기하고, 즉흥적 행위로 전락했다. 이에 따라 시간의 힘은 아무런 방해도 받지 않는 최고 절멸자의 모습으로 그려지고 있다. 지구라는 행성과 우주는 아래를 향해 곤두박질하고 있다. 하나의 단위 시간이 흘러가면 무질서는 하나만큼 더 커진다. 이렇게 하여 모든 행동이 정지된, 엔트로피가 최대가 된 최후의 상태가, 다름 아닌 열죽음(heat-death)이다.

엔트로피 원리의 최후에 대해 묻는 것은 열역학제이법칙에 대해 논쟁하고자 함이 아니다. 주어진 하나의 계(系)에서, 제이법칙을 포함한 열역학법칙들은 시간 안에서 일어나는 일들에 적용된다. 시간이 진행하는 동안의 법칙들인 것이다. 하지만 그들의 최후에 대해서는 논쟁이 가능하다.

엔트로피는 증가해 가는 과정을 거치다가 열죽음으로 끝난다. 처음, 최대 에너지의 상태로 시작하는데, 천체 물리학적으로 말하면 우주 폭발과 같은 상태로 생각된다. 하나의 이론은 시작과 끝이 있어야 한다. 그리고 이 시작과 끝은 둘 다, 시간 너머 저편을 향하고 있다. 엔트로피의 이론은 시간을 궁극적으로 하나의 괄호 안의 폐쇄된 것으로 본다. 하지만 그 괄호의 앞과 뒤에 무엇이 오는가에 대해서는 아무런 언급이 없다. 여기에 이 이론의 순진함이 있다.

엔트로피 이론과 마찬가지로, 우주에 대한 많은 전래의 이론들은 이상적인 최초 상태와 거기에 이어지는—인간 편에서 본다면—지속적인 쇠락의 상황을 제시한다. 황금기, 에덴 동산, 신들의 시대 등등, 이 모든 창세기들은 오늘의 비참함과는 한참 먼 거리에 있다.

삶이 하나의 타락으로 보일 수 있다는 시각은 인간의 상상력에
내재되어 있다. 상상력은 또한 타락이라는 추락이 가능한, 높은 높이를
생각해낸다.

끝없이 쫓겨나는
모든 아담과 이브,
밤이면 어김없이 다시 돌아오는
그들의 저 불굴의 집념을 보라!

지난 시절,
그들이
수를 헤아리지 않았을 때,
세월도 탄생도 음악도
존재하지 않았다.
손가락으로도 셈을 하지 않았다.

지난 시절,
그들이 수를 헤아리지 않았을 때,
그들이
눈이 따갑도록 보고
목마르도록 찾은 것은
무궁무진한 꽃의 향기나
불사(不死)의 동물의 숨결이 아닌,
어떤 다른 것이었을까?
평안한 잠 속에서
그들의 혀끝이 원하던 것은

어떤 유한한 생명의
땀 절은 맛이었을까?

그들은 타락 뒤에 올
열망을 기대했을까?

남자와 여자들은
셈의 바깥에 존재하는 시간을
밤 동안 살기 위해 끊임없이 돌아온다.

새벽이 오면,
사형 집행대는 어김없이 도착하고
그들 남녀는 추방된다.

만약 노쇠의 과정이 없다면, 그리고 시간과 그 흐름이 삶의 체계 자체
안으로 들어오지 않는다면, 생식은 불필요하며 성행위는 존재치 않을
것이다. 성행위가 죽음을 뛰어넘는 종적(種的) 도약이란 사실은
분명하다. 그것은 철학 이전의 진리들 가운데 하나다.
사랑 역시 죽음에 대해 성행위와 비견될 만한 도약을 행한다고
주장되지만, 그 정의상 사랑은 종적인 도약이 될 수 없다. 왜냐하면
사랑받는 대상은, 인간의 상상이 허락하는 한 가장 개별적이고 가장
차별화한 이미지를 구성하기 때문이다. 여기서는 머리카락
하나하나에 이르기까지 개별성을 띤 것으로 다루어진다.
생식하려 하고 미래를 채우려 하는 성적 추동(推動)은, 간단없이
과거를 향해 흘러가고 있는 시간의 흐름에 저항하려는 힘이다. 생식을

관장하는 유전정보는 소실에 저항하여 활동한다. 생식하는 동물은 옥수수 한 알과 마찬가지로 미래와 연결되는 과거의 도관(導管)이다. 수천 년을 포괄하는 스케일과, 수정(受精)이라고 하는 순간적인 지름길에 의해 아울리는 그 먼 거리를 보면, 성행위는 인간에게조차도 비개인적이다. 메시지의 커다란 스케일이 그 메시지를 전하는 전달자를 왜소하게 만든다. 성행위의 비개인적 힘은 시간의 비개인적인 흐름에 맞서며 또한 그것의 안티테제가 된다.

모든 생명은 이 상반된 두 힘의 만남에 의해 창조되고 그것에 의해 지지되고 있다. 그 '지지됨'에 대해 말하는 것은 존재를 정의하는 또 다른 방법일 수 있다. 존재가 이해하기에 심히 힘들고 신비로운 것은, 존재가 고요와 운동을 동시에 표상하기 때문이다. 상반된 두 힘의 운동에 의해 평형의 고요가 유지된다.

성(性)의 힘은 영원히 마감되지 않으며 결코 완결될 수 없다. 아니 그보다는 마치 처음처럼 다시 시작할 목적으로만 마감된다는 표현이 낫다.

이와는 달리 사랑은 모든 것을 포괄하는 것을 이상으로 삼는다. "이제 나는 사람들이 영광이라 부르는 바로 그것, 모든 한계를 뛰어넘어 무한히 사랑할 수 있는 권리를 깨닫는다"고 카뮈는 썼다. 여기서의 무한함은 수동적인 무한함이 아니다. 사랑이 이루고자 하는 완전성이, 시간이 조각내고 감추려 하는 그 완전성과 아주 정확히 일치하기 때문이다. 사랑은 존재의 중심을 재건한다.

노래의 한때

그걸 부른 가수는 순수할 수도 있겠지만,
그 노래는 결코 그렇지 못하다. 세상을 향해 열린
약삭빠른 시선과
벌거벗은 가슴을 지닌,
새로 생겨난 그 노래는
뻔뻔스럽다.
노래가 끝나고 조용해져야만,
듣는 이들은
자기 시대의 순수함을 되찾을 수 있다.

노래를 부르는 사람이 위대한 가수일 경우, 공간과 시간의 외피는
팽팽히 당겨지고 갓 태어난 아기의 목소리들이 세상을 채운다. 침묵과
순수의 공간은 다 소진되고, 삶은 낱낱이 드러나며, 가수는 하늘과 땅이
되고, 과거와 미래의 모든 시간은 이 한 사람만의 노래를 연주한다.

나이. 출생일과 출생지.
본적.
입국 일자.

스코틀랜드 고지에서의 한때

소작인들의 오두막은 밤을 보내기 위해 땅에 깃들인 짐승들처럼
웅크리고 있다. 모든 것들이 쉼 없이 움직이고 있다. 낙엽송, 고사리 숲,
칼레도니아 소나무, 히스 나무, 노간주나무, 그리고 잡풀들. 땅으로
물로, 움직임은 이어진다. 강은 바다로 움직여 가고 바다는 파도와 함께
협만을 채운다. 땅과 물 위로는 바람이 움직이며, 그 가장 높은 곳에서는
북서풍이 움직여 간다. 이 모든 움직임을 가늠하는 듯 하늘에서는
기러기들이, 또 다른 대수학에 쓰이는 날아가는 자〔尺〕의 모습을
연출하며 울면서 날고 있다.
성(城)과 국경들은 지킬 수 있었고 또 그리 되어 왔다. 하지만 죽음에는
최종 방어선이란 없다. 고사리 숲으로 둘러싸인 바다에서 청어가 잡히는
것은 이런 까닭이다. 하늘이 땅보다 살아 있는 것들을 더 많이 깃들이게
하고 더 관대한 것 역시 이런 까닭이다. 여기 하늘과 땅 사이에서 죽음은
하나의 경계선과 같다. 바다의 해안선이 해초의 내음을 간직하듯,
이 죽음의 경계선에는 헤아릴 수 없는 시간의 내음이 풍겨 난다.
어떤 상실의 느낌이 이 헤아릴 수 없는 시간을 가득 채우고 있다.
스코틀랜드 고지는 사라져 간 사람들, 특히 강제로 사라져 버린

사람들을 탄식한다. 숙청되어 땅으로부터 제거된 사람들은 위로할 길
없는 기러기의 잣대 속으로 함입되어 들어간다.
스코틀랜드의 서부 해안으로부터 제일 먼저 떨어져 나온 섬은
기아(Gigha) 섬이었다. 오백 년 전, 이 섬사람들은 섬의 남단에 작은
예배당을 지었다. 예배당은 삼백 년을 서 있다가 무너졌다. 그 예배당
주위에 묘지가 하나 있다. 다른 유럽 나라에 있는 것과 그리 다르지 않은
묘비들이 서 있다. 거기엔 여러 세대의 죽음이 기록되어 있다. 이름,
출생년도, 사망 날짜, 섬 밖에서 죽었을 경우에는 그 장소 등이 기록의
내용이다. 이름 하나와 두 시기, 정확히 날짜만 적혀 있다. 기록된 것은
이것들뿐이다. 그 두 시기 사이에 일어났던 일은 생존 사실 외에는 단
한마디도 적혀 있지 않다.
소금기와 빗물, 이끼, 그리고 바람은 가장 깊이 새겨진 글자까지도
일이백 년이면 지워 버린다. 하면, 이름과 그 두 시기는 어째서 적혀
있을까. 어떤 묘지에서라도 가능한 이 물음에 대해, 여기 이 섬은 보다
분명한 대답을 가지고 있다.
묘비명들은 살아 남은 자들을 위한 것이 아니다. 죽은 이들을 기억하던
사람들은 회상의 필요가 없었다. 거기 기록된 묘비명은 하나의 신원
확인이고 그 신원 확인들은 제삼자에게 전해 주기 위한 것이다. 새롭게
떠난 사람들에 대한, 떠난 그들에게 새 이름을 지어 줄 필요가 없음을
알리는, 사자(死者)들의 세상으로 보내는 추천서가 바로 그 묘비들이다.
그 묘지에서 당신과 나는, 해협 저 너머의 바다와, 바다 밖의 하늘과, 또
먼 고사리 숲의 산들을 바라보았다. 해안선은 탁 트인 대서양을 향해
마치 탄생의 산도(産道)처럼 경사져 내려오고 있다. 이런 탄생의 장소를
죽은 이들은 이리저리 방랑한다. 그들은 말하면 들릴 만큼 가까운
거리에 있다. 산 자들은 죽은 자들의 말을 모른다. 죽은 이들 역시 우리
글들을 읽지 못한다.

당신의 섬에는
밤이 늦게 찾아오는가?
내가 당신 앞에서 걸어가는 것은,
샌들을 신은 당신 발을
뱀이 물지 못하게 하기 위함인가?
균형은 결코 이루어지지 않는다.
별들이 아무런 설명도 없이
고요한 까닭도 이런 때문이다.

당신이 없는
계절을
어떻게
보낼 수 있을까?

산 위에서
휘도는,
과거와 미래에 대한
내 생각의
흐름은
또 어떻게 해야 하나?

균형은 결코 이루어지지 않는다.

하지만 이 밤,
서로에게 반향하는 당신과 나의 눈에는
아무런 혼란의 흔적이 없다.

2
여기서

머나먼 길

당신은 보온병을 커피로 채웠다.
우리 발자국들은
알지 못할 만년설의
    구멍 속으로
        차곡차곡 던져진다.

마치 망치를 든 목수들처럼,
우리는
우리를 스쳐 지나가는
    나무들로
        지붕 만드는 법을 익혀 왔다.

뒤로 남겨진 적막 속에,
우리는 이제 더 이상,
여름 숙소에서 던지던
'내일은 어디로 가지' 라는
    먼 물음들을
        듣지 않는다.

황혼이 오자 함께 묶인 개들은
끝없는 숲에 두려움을 느낀다.
눈 속에 싸인 밤마다,
    우린 크게 웃으면서
        그들을 달랜다.

인간에게 시각(視覺)은 세상에 대한 가장 중요한 정보원이 되어 왔고
지금도 그렇다. 시각을 통해 사람은 스스로의 좌표를 확인한다. 다른
감각에 의해 인지된 것들마저 종종 시각적 용어로 변환되기도 한다.
〔예를 들어 현훈(眩暈, 현기증)이란 병리학적 용어는 귀의 이상에서
비롯된 것이지만 주위가 회전하는 것으로서의 공간적 장애로
경험된다.〕 공간이 물리적 전제 조건임을 알게 되는 것 역시 시각에
힘입고 있다. 시각에 의해 세계는 우리에게 다가온다. 그러나 이와
동시에 시각은 우리가 세계 안에서 실종될 위험이 있다는 것을
끊임없이 환기시킨다. 시각은, 그것이 펼치는 공간과 함께 우리로부터
세계를 거두어 가기도 한다. 어떤 것도 이만큼 양면적인 것은 없다.
시각은 눈을 의미한다. 눈은 보이는 것과 보는 존재가 만나, 관계를
이루어내는 곳이다. 하지만 그 보는 존재가 인간일 경우, 시간이나
거리 때문에 눈이 보지 못하거나 결코 볼 수 없는 것이 있을 수 있다는
사실을 알고 있다. 시각은 보는 사람을 포함하면서(그가 보기 때문에),
동시에 그를 배제하기도(같은 시각에 여러 곳에 있을 수가 없기
때문에) 한다. 시각은, 비록 보는 사람에게 위협적인 경우라 하더라도,
보는 사람의 존재를 확인해 주는 가시적인 것과, 그 사람의 존재를
무시하는 비가시적인 것으로 구성된다. 무엇인가를—대양, 사막,

북극광 등—*보았었더라면* 하는 소망에는 깊은 존재론적 토대가 있다. 과거에 보았던 것을 더 이상 보지 못하는, 이른바 부재의 시각적 경험 역시, 시각에 대한 인간의 이런 양면성을 가진 인식에 포함시키지 않으면 안 된다. 우리는 하나의 *사라짐*을 마주한다. 사라지는 것, 보이지 않게 되는 것, 그런 보이지 않게 되는 것을 부인하게 되는 것, 우리 존재를 무시하는 것, 이런 모든 것들을 이겨내기 위한 하나의 투쟁이 뒤이어 일어난다. 따라서 시각은 비가시적인 것 역시 실재한다는 믿음을 갖게 하고, 한번 본 것들이 공간이라는 복병에 의해 부재 속으로 사라지는 것에 영구히 맞서 보전하고 조합하고 정리하는, 내면적 눈을 기를 것을 촉구한다.

생명 그 자체와 물질계 둘 모두는 빛에 의해 존재한다. 생명이 있기 전에는 신 외에는 아무도 볼 수가 없었다. 시각에 대한 광학적 설명도, 그리고 빛 자극에 대해 눈이 천천히 그리고 모험적으로 성장 발달했다고 말한 진화론적 이론도, 어떤 한순간 보이는 것이 시작되었고 나타남이 나타남이 된 사실을 둘러싼 수수께끼를 풀지는 못했다. 이 수수께끼에 대한 반응이자 해결책으로, 사람들은 보는 능력, 다시 말해 모든 것을 볼 수 있는 눈을, 가장 중요한 신들의 첫번째 능력으로 상정한다. 따라서 이렇게 말할 수 있게 되었다. *세계는 이미 보여 왔기 때문에 존재한다.*

창세기의 설화는 이것과 부합한다. 신이 맨 먼저 만든 것은 빛이었다. 모든 창조 행위를 마친 후 자신이 만든 것이 좋았다고 하며 볼 수 있게 한 것도 빛이었다. 엿새째 되는 날의 끝에 신은 그가 만든 모든 것을 *보았으며, 그리고 보기에* 그것들은 좋았다.

창세기 설화는 세계가 존재하게 되는 것의 신비를 인정하고 있다. 이 신비는 우리가 보편적으로 경험하는 자연의 아름다움 속에서 유지되고 반복된다. 어떤 기준을 적용하든 간에, 그런 아름다움은 항상 계시의 형태로 체험된다. 말 이전에 느껴지는 것이다.
폭포는 폭포이며 폭포일 뿐이다. 통상적으로 그것의 겉모습과 내면, 외양과 의미는 따로 떨어져 있지만, 폭포를 바라보면서 물음을 품는 사람에 의해 융합되어 서로 일치를 이룬다. 이런 일치가 일어나는 때가 바로 아름다움이 계시되는 순간이다. 이런 일치는 한 사람의 공간에 대한 감각을, 아니 그보다 더욱, 공간에서의 존재감을 바꾼다.
끝없이 드러나 있는 이 보이는 세계는 인간을 포함하기도 하고 배제하기도 한다. 인간은 스스로 볼 뿐만 아니라, 지속적으로 자신이 유기되고 있는 사실 역시 보고 있다. 드러남은 끝없이 보이는 세계의 공간에 속해 있다. 인간은 내면의 눈을 사용하여 스스로의 상상력과 성찰을 경험한다. 통상적으로 인간이 의미를 찾아내고 간직하며 가다듬고 단련하여 이윽고 완성하는 것은, 이 내면 공간의 보호 아래서이다.
드러나는 외양과 의미가 하나가 되는 계시의 순간, 물리적 공간과 보는 이의 내면 공간 역시 하나가 된다. 순간적으로 또 예외적으로, 보는 이는 보이는 물질 세계와 동등성을 획득하는 것이다. 그 순간 모든 소외의 느낌에서 벗어나 중심에 서게 되는 것이다.

우체국은 컸다. 우체국 국장은 아마도 비효율적이거나 불합리한 사람이리라. 과중하고 불합리한 업무에 눌려 있다는 느낌을 카운터 너머의 직원에게서 찾아볼 수 있었다.

유치(留置) 우편물 취급 창구 앞에서는 늘 줄을 서서 오래 기다려야 했다. 국경 마을이기 때문인 것 같았다. 당신의 편지가 거기 한 통씩, 혹은 여러 통씩 있었다. 편지 한 통을 찾는 데 빵 반 덩이의 값을 치러야 했다.

큰 공간이 사회적 희망으로 여겨졌던 지난날, 커다란 우체국이 가진 엄숙함은―이 우체국은 1930년대에 세워졌다―공공적 덕목으로 생각되었을 것이다. 그러나 지금은 황폐하고 개성 없이 보인다.

직원들은 거의가 당신 나이 또래의 여인들이었다. 나는, 카운터 너머의 여직원이 쥐고 있는 당신 편지 봉투에 씌어진 글자를 보면서, 당신 목소리를 듣는다. 목소리를 듣는 것과 목소리를 기억하는 것은 다르다. 기억은 회상이다. 발자국 소리와 발 끄는 소리 하나하나가 빠짐없이 크게 울리는, 거기 인조 대리석 바닥이 있는 그 중앙우체국에서, 내 이름을 부르는 소리가 들렸다.

목소리는 우선 몸에 속하고 다음으로 언어에 속한다. 다른 언어로 말하더라도 목소리는 동일하다. 어떤 나라 말로 말하는지를 알아차리기 전에 나는 당신 목소리란 것을 먼저 알아차린다. 우체국에서 당신은 당신 편지 봉투에 썼던 이름을 발음했다. 내가 들었던 것은 따라서 내 이름 두 단어가 아니었다. 그것은 당신의 목소리였다.

당신의 목소리는 그 순간 일어나던 모든 일들에 섞여 함께 존재하고 있었다. 모로코 사람 하나는 제베니아나에 있는 가족과 통화하고 있었고, 다른 한 여인은 자신의 통신 주문 소포를 들고 가려 하고 있었으며, 우체국 직원은 백 통이 넘어 보이는 편지를 발송하고 있었다. 어떤 나이 든 남자는 연금을 찾아가고 있었.

목소리는 멀리 여행할 필요가 없었다. 당신의 목소리는 바로 내 귀 옆에서 들렸다. 그러나 실재(實在)는 자로 잴 수 없는 것이다. 눈금을 가지고 있는 것은 자뿐이다.

크다고 실재와 더 가까운 것은 아니다. 그렇게 믿는 우리의 경향은, 자신보다 더 큰 동물을 마주했을 때 모든 동물이 느끼는 공포 반응의 흔적일 것이다. 큰 것이 작은 것보다 더 실재에 가깝다는 믿음은 그럴듯해 보인다. 하지만 틀린 믿음이다. 수태 시, 조그만 점 하나가 우주와 결합하여 일정한 크기를 이루지만, 죽음에 이르면 그 크기는 해체된다. 사랑하는 사람, 당신과 내가 올가미에 묶여 있다면 그건 실재 안에서가 아니다.

아마 라일락이 꽃 중에서 가장 여성적인 꽃일 테다. 라일락은 16세기에 동유럽에서 서유럽으로 왔다. 슬라브의 꽃인 셈이다.
여기 산골 지방에서는 뻐꾸기가 처음 우는 때에 맞춰 라일락이 꽃을 피운다. 뻐꾸기와 라일락이 한 쌍으로 피고 우는 것이다. 뻐꾸기란 놈은 참으로 염치가 없다. 짝짓기를 끝내자마자 울음을 멈추고, 다른 새들은 독해서 먹지 못하는 유충과 쐐기 벌레들까지도 닥치는 대로 잡아먹는다.
라일락의 향기가 젖소를 키우는 외양간의 냄새와 크게 다르지 않다고 당신은 말했었다. 둘 모두 평화와 느림의 냄새다.
낮이 길어지기 시작한다. 나는 저녁 무렵 불빛도 없는 부엌에 앉아 책을 읽는다. 창턱에는 친구 집 정원에서 꺾어 온 라일락 꽃이 병에 담겨 있다. 여러 번 세탁한 울트라마린의 푸른빛 셔츠가 연상되는 창백한 보랏빛이다. 젊은 시절, 내게는 그 색깔의 셔츠가 하나 있었다. 인도네시아의 저명한 화가 아판디가 그 옷에다 내 초상을 그려 넣었었다. 이젠 셔츠도 그 초상도 없다. 열린 창으로 뻐꾸기 소리를 듣는다. 벌목꾼들의 사슬톱은 여전히 돌아가고 있다.
잠시 전 눈을 들어 보니, 어두워지는 빛 속의 라일락 가지가 황혼 속에 서 있는 먼 언덕의 꽃나무들처럼 보였다. 그것은 서서히 사라져 갔다.

여기 집들은 벽이 두텁다. 겨울이 춥기 때문이다. 창 곁에 면도용 거울이 하나 달려 있다. 거울에 비친 라일락 가지 하나를 올려다본다. 작은 꽃에는 더 작은 꽃잎들이 달려 있다. 너무 또렷하고 생생하고 또 너무 가깝게들 붙어 있어, 흡사 피부에 자리한 모공들처럼 보인다. 왜 그 가지만이, 실제로는 내게 더 가까이 있는 다른 가지들보다 더 또렷하게 보이는지 알 수가 없다. 이윽고 내게서 먼 쪽에 있는 거울 속의 그 가지가 저물어 가는 햇빛을 가득 받고 있음을 알게 된다. 저녁이 올 때마다 당신을 향한 내 사랑은 거울 속의 저 라일락 가지처럼 자리한다.

"철학이야말로 진정 향수병(鄕愁病)이다. 어디에서든 고향을
향하고자 한다." ─노발리스

문명은 유목 생활로부터 정착 생활로의 전환에서 시작되었다. 곧이어
도시 바깥에서 살아가는 모든 사람들은 비문명적인 사람들로
간주되기 시작한다. 늑대들이 곁에 있는 이 언덕에서는 얘기가 좀
달라지긴 하지만….

아마도 지난 백오십 년 동안, 저 문명화와 버금 가게 중요한 변화가 또
하나 있었다. 지금처럼 사람들을 뿌리째 뽑은 시대는 이전의 그 어느
때에도 없었다. 자의에 의해서든 강제로든, 국경을 넘어가거나
시골에서 도시로 옮겨 가는 이주(移住)는 우리 시대의 근원적
경험이다. 산업화와 자본주의가 전례 없던 규모와 새로운 종류의
폭력으로 인간의 이주를 요구한 것은 이미 16세기의 노예무역에서 그
전조를 찾아볼 수 있다. 그후 대규모 병력이 징집 동원된
제일차세계대전의 서부전선에서 있었던 일은, 사람들을 흩어지게
하고, 모으고 나르며, 무인 지대에 집결시키는 일을 확인해 본 셈이
된다. 더 나중에 생긴 전 세계에 걸친 강제수용소는 동일한 논리가
계속 실행된 예이다.

마르크스에서 슈펭글러에 이르는 모든 근대 사상가들은 이주를

자기들 시대의 현상으로 확인해 왔다. 그걸 여기서 더 언급하는 것은 무엇 때문인가. 과거를 그리워해서가 아니다. 사라진 것을 기려 말을 걸기 위해서다. 희망이 태어나는 곳은 상실의 자리이기 때문이다.
집(home)이라는 말(고대 스칸디나비아어에서는 Heimr, 고대 독일어에서는 heim, 그리스어는 kōmi 등인데, 모두 '마을' '시골' 을 가리킨다)은 오래 전부터 두 종류의 도덕주의자들의 전유물처럼 되어 왔는데, 그 둘 모두 권력을 가진 자들과 친한 자들이었다. 집이라는 말의 개념은 가족의 재산(여자들을 포함하여)을 지키는 가족 내 도덕률의 근본이 되었다. 비슷하게 조국(homeland)이라는 개념은, 남자들로 하여금 소수 지배층의 이익에만 봉사하는 대부분의 전쟁에서, 죽기를 설득하는 애국심의 가장 첫 조항이 되었다. 이런 두 가지 용도 모두 집의 그 원래 의미를 가려 오고 있다.
원래 집이란 말은 세상의 중심을 의미했다. 지리적이 아닌 존재론적 의미에서 그랬다. 미르체아 엘리아데(Mircea Eliade)는 집이 어떻게 세상의 기초가 되는가를 보여주었다. 그는 집이 '실재의 중심에' *세워져* 있다고 말했다. 전통 사회에서는 세상의 의미있는 모든 것들은 다 실재였고, 그 세상의 밖에는 위협적인 혼돈이 존재했다. 그것들이 위협적이었던 이유는 *비실재*적이었기 때문이다. 실재의 중심에 집을 갖지 못하면, 거주처가 없음은 말할 것도 없고 무존재와 비실재 속에서 스스로가 상실되었다. 집이 없으면 모든 것은 파편일 뿐이었.
집이 세상의 중심인 까닭은 그곳에서 수직과 수평의 선이 교차하기 때문이다. 수직선은 위로는 하늘로 아래로는 땅으로 향하는 하나의 길이다. 수평선은 다른 곳을 향해 가로질러 가는 땅 위의 모든 길을 말한다. 따라서 집은 하늘의 신과 또 땅 속의 죽은 이들과 가장 가까운 장소이다. 이런 가까움에 의해 신에의 접근과 앞서 죽어 간 이들에의 접근을 약속받는다. 또한 집은 지상에서의 모든 여행이 시작되는 곳임과 동시에 희망을 가지고 되돌아오는 곳이기도 하다.
두 선의 교차, 그리고 그 교차가 약속하는 확신은 유목민의 생각과
믿음 속에 아마도 이미 자리해 있었을 것이다. 그들은 천막 기둥을
가지고 다닌 것처럼, 수직선을 지니고 다녔다. 전대미문의 이 운송의
세기가 끝날 즈음에도, 이런 확신의 흔적은 뿌리 뽑힌 수많은
사람들에게서 불명료한 채로나마 여전히 남아 있게 될 것이다.
이주는 무언가를 뒤에 두고 떠나는 것, 바다를 건너는 것, 낯선 사람들
가운데 사는 것만이 아니라, 세상의 의미 자체를 해체하고, 최악의
경우 어리석은 허구에 자신을 방기하는 것까지도 포함한다.
이주는 총구에 의해 강제되지 않은 경우엔, 절망뿐 아니라 희망에
의해서도 물론 촉발된다. 예를 들면 농부의 아들에게 아버지의 전통적
권위는 다른 어떤 혼돈보다 어리석은 억압일 수 있다. 시골의 가난이
대도시의 범죄보다 더욱 부조리하게 보일지도 모른다. 외국인들
사이에서 살다가 죽는 것이 동족에 의해 박대받고 고문받는 것보다 더
현명할지도 모른다. 모두 사실일 수 있다. 그러나 이주는 항상 세상의
중심을 뒤엎는다. 또한 인간들을 방향 잃고 상실된 파편들로 바꾸어
놓는다.

이주에 관한 여덟 개의 시

1. 마을

나는 네게
    모든 집들은
바윗덩이에 뚫린 구멍들이라고 말한다.

우리는 관 뚜껑을 먹어 치운다.

저녁 별의 시간과
    들통 안에 우유가 담기는 시간 사이에는
아무 일도 일어나지 않고,

우유통은 하루에
    두 번 비워진다.

들판의 안개가
    우리에게
        드리운다.

2. 땅

가을이 오면,

또 기근이 들면,
　　이 땅의 보랏빛 머릿가죽은 빗질되어 벗겨진다.

이 땅의 금속성 부스러기들은
　　손으로 모조리 추려진다.

이 땅의 교회는
　　우리네 시간의 팔을 십자가에 못 박는다.

모든 것이 빼앗긴다.

3. 떠남

더 이상
고통을

참을 수 없다.

눈은 내리고
떠남의 하얀 포옹은 철길 속으로
사라진다.

기차 안의 나는 진실을 적어 보려고 애를 쓴다.

한쪽 귀를 잃으면,

혀는 소스라쳐서
하나의 단어에라도 매달린다.

기차는 다리를 지나고,
빙판은
내 강(江)의 이름,
사바(SAVA)라는
글씨를 덮는다.

4. 메트로폴리스

달빛은
운하의
수면과 만나
     날카롭게 부서진다.

어둠의 높이가
빛의 높이만큼
낮아지는
새벽이 되면,
     이성의 자물쇠는

암흑의 어둡고 밀집된
검은 지역을
받아들인다.

그것을 두 눈으로 받아들인다.

그러나 여기에서,
어둠은 자루에 담겨
조약돌과 함께 가라앉아
익사했다.

어둠은 더 이상 없다.

5. 공장

여기는
영원히 새벽이다.
깨어나는 시간이며,
혁명적 예언의 시간이며,
깜부기불이 꺼져 가는 시간이며,
끝이 없는
낮의 작업 시간이다.

거기서 우리는, 밤을 만들었었다.
불을 붙이고
밤 속으로 들어가
어둠을 담요처럼 끌어당겼었다.

주위의 들판은

잠든 동물들의 숨소리로 가득했고,
땅은 조용했고
불은 따뜻했다.

그 따뜻함이 결코 다시 돌아오지 않을 것이라는 생각에
차가운 고통을 느낀다.

여기서는,
밤은 잊혀진 시간일 뿐
영원한 새벽만이 있다.
추위 속에서 나는 떠올린다.
  소나무가 어떻게
  마치 이빨 뒤의
  개의 혀처럼
  타들어 갔던지를.

6. 선창가

밤새도록 허드슨은
침대에서 기침을 한다.

나는 잠들려고 애쓴다.

내 나라는
숲에 못 박힌 은거처다.

내 영혼은 바람이 되어 세차게 달려간다.

지평선 저 너머에
해먹을 하나 만든다.

잠이 든 나는
내가 태어난 마을을 들이마시며,
내 강의 굴곡을 어루만진다.

새벽녘,
두 마리의 검은 고등어가
유영해 들어온다.

찍어 올려라 하늘이여, 그걸 찍어 올려라.

7. 부재(不在)

해가 풀의 키만큼 낮아지면,
보석들이 나무에 달리고
테라스들은 장밋빛으로 변해,
환형 도로를 따라 켜진 형광등 사이로
아파트들은 저마다의 피에타 상을 건다.

사람들은 감자를 굽고,

공장은 털장갑을 낀 사람들을 토해 놓는데
내 장갑 엄지손가락에는 구멍이 나 있다.

이제 포도나무는 푸르지 않고,
이제 포도나무는 여기에 없다.
죽은 이들이
고압선에 부딪쳐 망가진 저 보석들을
주렁주렁 달 것이다.
사망 위험.

8. 내가 알았던 숲

나로 하여금 이렇게 죽게 하라.

나뭇가지들에 살이 오르고,
    언덕들이 일어나며,
구름은
    컵 속에 가득 담긴다.

숲에는 배불리 먹은
    야생 멧돼지가
    따뜻이
        졸고 있다.

모든 잘려 나간 숲은,

내 머릿속
둥글게 말린 피륙 같은
나의 영사막 위에 기록된다.

가리개 하나,
죽은 이들의 두 눈 위에
드리워,
펼쳐진 피륙 위에 그려진
세상의 모습을 가린다.
내가 알았던 숲에 남은
그 눈들의 자취를,
나는 좇아간다.

보들레르야말로 새로운 도시 대중들의 집 없음에 대해 언급하고
기술한 첫 사람들 중에 속한다.
"…끝없이 한탄하는, 길을 잘못 든,
집 없는 영혼들처럼."
이런 판단—시 자체가 아니라—은 너무 포괄적인 비관을 드러내고
있다. 하지만 상실 바로 그 감각으로부터 희망은 유지된다. 인간이
눈에 보이는 역사만을 살고 그 밖의 다른 것은 전혀 살지 않는 것처럼,
역사 뒤편에 숨어 있는 것을 잊는 것은 얼마나 쉬운 일인가.
민중들의 창의력은 종종 눈에 띄지 않는 법이다. 때때로 정치적
행동으로 집결되면 그때야 모습을 드러낸다. 평소에는 매일의 은밀한
사적 생존을 위해 사용된다. 밀고 당기고 취하는 일상적인 일들과
정체성을 유지하기 위한 정신적인 일들이 그런 사적 생존을 구성한다.

대중들, 다시 말해 익명의 노동자들은 그들의 주거 조건과 노동 조건이 어떻든 간에, 또 그들이 어디로 옮겨 가든 간에, 한 무리의 개인들로 남는다. 이렇게 보전된 각각의 개인성이라는 바탕이야말로 하나의 집과 같은 것이다.

이런 '대체품' 집은 건물이 아니다. 건물로서의 집은 그 안에 무엇이 있고 어떤 신성한 것이 있는가에 무관하게, 말 그대로 세속화해 왔다. 그러한 세속화는 셋방살이, 가난, 인구 과밀 현상, 도시계획, 재산관계에 대한 숙고 등의 사회 경제적 조건들의 직접적인 결과이다. 그러나 궁극적으로는 선택의 부재에서 결과된 것이다. 선택의 역사가 없이는 어떤 주거도 집이 될 수 없다.

집이라는 전통적인 주거에서는, 선택은 당대의 기억을 넘어 조상 대대로 물려진 것이다. 그러나 모든 보전과 개선의 행위들은, 두 개의 삶의 선이 교차하는 자리를 선택한, 기호(嗜好)가 아니라 하나의 통찰력이라 할 가장 처음의 선택을 인정하고 그것을 반복한다. 오늘날 비특권층 사람들에게까지도 개방되어 있는 이 선택들은 과거에 비해 좀더 다양해졌지만, 한편으로 돌이킬 수 없이 상실된 것이 있다면 '여기가 세상의 중심'이라고 말할 수 있는 선택이다.

그럼에도 불구하고 이 뿌리 뽑혀 옮겨진 사람들은 스스로를 돌아보며 자신들의 정체성을 유지하면서 하나의 주거처를 마련해낸다. 무엇으로 만들까. 내 생각에 그 주거처는 반복을 통해 형성되는 습관들로 만들어진다. 습관들이란 낱말들, 농담들, 의견들, 몸짓들, 동작들, 심지어 모자를 쓰는 방식까지를 의미한다. 물리적 대상이나 장소들—가구 한 점, 침대 하나, 방의 한구석, 어느 주점, 길모퉁이 등—이 습관들이 자리하는 배경을 제공한다. 그러나 그 주거처가 보호하는 것은 그런 물건이나 장소가 아니라 바로 전래의 습관이다. 대체품 '집'을 한데 묶어 주는 모르타르는—어린이의

경우까지도—기억이다. 생생한 추억들—사진, 트로피, 기념품 등—이
가지런히 정돈되어 있는 곳은 바로 기억 속이다. 그러나 정작 사람들이
사는 건물 속에는 이런 것들이 보이지도 느껴지지도 않는다.
비특권층 사람들에게 집은 건물로서가 아니라 하나의 습관 혹은
일련의 습관으로 드러난다. 모든 사람은 스스로의 습관을 가지고 있다.
강요됨 없이 선택한 이 습관들은 그 자체로는 일시적이지만 반복을
통해서 다른 어떤 숙소보다 더 영속적인 주거처를 제공한다. 집은 더
이상 주거의 장소가 아니라 거기 살고 있는 삶의 숨겨진 이야기일
뿐이다. 혹독하게 말한다면, 집은 단지 그 사람의 이름에 불과하다.
그러나 대부분의 사람들은 그 이름조차 가지고 있지 않다.

> 하늘은 짙푸르고
> 찌르레기들은 날개를 편다.
> 되돌아올 편지를 쓰기 위해
> 기슭을 떠난다.
> 지는 해는
> 금빛 이빨을 두르고,
> 나는 마치 한 점 고기 조각처럼
> 이 마을에 머문다.

새로 도착한 이주자의 경험은 오래 정착해 있던 '토착'
프롤레타리아나 하층 프롤레타리아의 그것과는 다르다. 이주자들이
경험하는 뿌리 뽑혀 옮겨짐과 집 없음, 유기(遺棄)는, 보다 일반적이고
광범위한 경험의 극단적 한 형태이다. '소외'라는 단어에 모든 것이 다
들어 있다. (도시와 교외에 집이 있고 차를 세 대나 가지고 있으며,
많은 텔레비전과 테니스 코트와 포도주 저장고를 가지고 있는

부르주아의 '집 없음'에 대해 말하는 것 역시 가능하다. 그들 계급에 나는 더 이상 흥미가 없지만, 그들에게서는 미래를 위한 그 어떤 것도 발견할 수 없다는 바로 그 이유 때문에 그들 역시 집 없는 사람들이다.) 집을 떠난 이주자는 삶의 두 선이 교차하는 장소를 어디에서도 결코 발견할 수 없다. 수직선은 더 이상 존재하지 않는다. 이주자와 죽은 자를 잇는 구체적 연속성은 어디에도 없으며, 죽은 자는 이제 그저 사라져 버렸고 신(神)들에게 닿을 방법 역시 없다. 그리하여 수직선은 어디로도 이르지 못한다. 그것은 그저 닫혀 버리기만 하는 개인의 전기적(傳記的) 동그라미 속으로 몸을 꼬아 들어가게 된다. 수평선의 경우, 더 이상 고정된 지지점이 없기 때문에 멀기만 한 하나의 벌판으로 환원되고 그 벌판을 가로질러 모든 것이 쓸려 나간다.

이 상실의 지점에서 무엇이 자라날 수 있을까. 19세기가 시작된 이래, 새로운 주거처에 대한 희망을 제공하는 적어도 두 가지의 기대가 점차 널리 퍼지게 된다. 그것들은 마을이 세상의 중심이었던 그 옛 시절에는 미처 생각지 못했던 것들이다.

첫번째 것은 열정적이고 낭만적인 사랑에 대한 기대이다. (도서관에서보다는 뒷골목에서 더 많이 찾아볼 수 있다.) 어느 면에서 사랑하는 남녀 사이에서 일어나는 일은 역사를 벗어나 있다. 벌판에서 도로에서 일터에서 또 학교에서 일어난 지속적인 변화와는 달리, 남녀의 포옹에서는 거의 변화가 없었다. 그러나 사랑의 열정에 덧입혀진 구조는 달라졌다. 감정이 달라져서가 아니라 그 감정을 둘러싸고 있는 것들─사회적 태도, 법 제도, 도덕, 종말론 등─이 달라진 것이다.

근대적 의미에서 낭만적 사랑은 떨어진 두 사람을 결합시키는 또는 그런 결합을 바라는 사랑을 말한다. 우정, 연대, 상호 이익들 역시 사람들을 결합시킬 수 있다. 그러나 이런 경우의 결합은 경험과 상황에 의해 이루어진다. 그것들은 통상 경험에 바탕을 둔다. 반면 낭만적 사랑은 태초와 시원(始源)에 뿌리를 둔다. 이러한 근원성(primacy)이 경험에 앞선다. 또한 근세의(노발리스로부터 프랭크 시나트라에 이르기까지) 낭만적 사랑으로 하여금 특별한 의미를 갖게 하는 것은 바로 이 근원성이다.

그런 사랑이 기억하는 태초에, 성은 두 개로 나뉘었고 이로 인해 생명은 양극화했다. 남성과 여성의 창조에 의해 하나의 분리가, 새로운 형태의 불완전성이 생겨났다. 성적 본능은 두 개의 극 사이에서 서로 끌리는 에너지다. 인간의 상상력과 기억이 존재하자마자, 그런 끌림을 붙잡고 유지하려는 소망이 스스로를 사랑이라고 선언하기 시작했다. 그런 사랑은 완성에의 희망을 품게 되었고, 그 에너지야말로 실재의 중심부에 속하는 것이라고 말하게 되었다. 완성하고자 하는 희망은 집을 세우고자 하는 희망과 동시적으로 발전해 나가지만 꼭같지는 않다. 집이 박탈된 현대의 우리들은 이전의 어느 시대 사람들보다 더욱 완성에의 소망에 크게 공명하고 있다.

다른 하나의 기대는 역사적인 것이다. 모든 이주자들은 돌아간다는 것이 이제 불가능함을 그들 가슴속에서부터 알고 있다. 비록 물리적으로 돌아갈 수 있다 하더라도, 이주에 의해 이미 너무도 깊이 변했기 때문에 진정한 의미에서는 돌아갈 수가 없는 것이다. 마찬가지로 모든 마을이 세상의 중심이었던 그 역사적 상태로 돌아가는 것 역시 불가능하다. 지구 전체를 그 중심으로 만드는 것만이 유일한 희망이다. 전세계적 연대만이 현대의 '집 없음'을 초극할 수 있다. 사람들은 카인과 아벨을 제쳐두고 쉽게 형제애를 말한다. 형재애란 말로 모든 문제들이 해결될 수 있다고 약속한다. 그러나 현실에서는 많은 것들이 해결 불가능하다. 연대가 영구히 필요한 것은 이 때문이다.

다른 세기와는 달리 오늘날의 인간에게는, 아주 어린 유년시절이
끝나면 집은 다시는 집이 되지 못한다. 모든 풍요와 모든 발전된 통신
시스템에도 불구하고 이 세기는 유형(流刑)의 세기이다. 아마도
결국에는 마르크스가 위대하게 예언한 그 약속이 성취될 것이다.
그때에는 집이라는 근원적인 주거처의 대체물은 개개인의 이름들이
아닌 역사 속에서의 집단적 의식 존재가 될 것이고, 우리들은 실재의
중심에 다시 살게 될 것이다. 모든 부정적인 현실에도 불구하고 나는
그것을 그려볼 수 있다.
따라서, 우리는 우리 자신만의 삶을 사는 것이 아니라 우리 세기의
희망을 함께 살고 있는 것이다.

20세기의 폭풍우

큰 낫 모양의 번개 날이
비를 가르며 떨어져 내린다.
낫질된 빗물이
마치 피류처럼 떨어져 내린다.
—오, 이별을 위한 저 커다란 외투여
　다시는 돌아가지 못할
　저 위대하고 커다란 물의 외투여!
텅 빈 하늘의 벌판 위에
머나먼 피류처럼
떨어져 내린다.

이 비의 풀숲에서

꽃들은
강들의 힘으로 자랐다.
―오, 약속의 숫자들과 침묵이 씌어진,
　떠난 이들의 편지,
　그 편지들이 가득 담긴
　저 사공의 주머니여!
강들의 힘으로 자라나 하구로 향하는
꽃들이여.

꽃들은 저마다
하나의 손 안에서 시작되었고,
저 낱낱의 꽃잎들은
원래
하나의 몸짓, 하나의 동작,
하나의 만짐이었다.

꽃을 길러낸 당신의 그 정원을 내 뺨에 대어 주렴.
저 먼 도시로부터 온,
당신의 정원, 그 손을
내 뺨에 대어 주렴.

천둥을 실은
건초 마차가
하늘을 가로질러 달려간다.

쾌락이야말로 가장 큰 신비다. 이에 반해 고통은 훨씬 깊은 철학적 사색을 촉발해 왔다. 쾌락과 고통은 함께 고려될 필요가 있다. 둘은 나누어지지 않는다. 그러나 그것들이 자리하는 공간은 각기 다르다. 쾌락은 만족감으로 정의할 수 있는데, 자연의 흐름에서 필수적이다. 그렇지 않다면 육체와 종의 생존을 담보하는 추진력은 존재하지 않을 것이다. 그리고 생존은, 그 이유를 우리가 알지는 못하지만, 자연의 유일한 목표이다. 만족감과 만족감에 대한 기대는 사람을 고무한다. 반면 고통과 고통에 대한 두려움은 사람에게 경고가 된다. 이 둘은 모두 필수적이다. 서로 대극이라고 여겨지는 이 둘 사이의 차이점이라면, 쾌락에는 어느 한 지점에 머무르지 않고 그것이 가진 기능적인 목표를 넘어 언제나 앞으로 *나가려 하는* 경향성이 있다는 점이다.
고양이들은 무언가를 먹을 때보다는 서로를 핥아 주고 있을 때 더 큰 쾌락을 느끼는 것 같다. (반추동물을 제외한 대부분의 동물들에게, 먹는 행위의 황급함은 식욕에서의 쾌락을 저감시킨다. 그때의 쾌락은 먹은 뒤의 포만감의 형태로 나타날 뿐이다.) 말은 벌판을 거칠게 달릴 때가 갈증을 풀고 있을 때보다 더 많은 쾌락을 느끼는 것처럼 보인다.
만족감은 어떤 필수적 요구를 충족시킬 추진력을 촉발하는 데 필요한 것이지만, 심지어 동물에게까지도 쾌락의 보편성을 경험하게 한다.

이때의 쾌락은 실용적 요구와 무관한 순수한 쾌락이다.
이런 쾌락은 아마도 어린 동물들이 배우기 위해 놀 필요가 있다는 사실과
연관되어 있을 것이다. 놀이와 순수한 쾌락 사이에는 공통점이 있다.
놀이는 실재와 유희를 구별하며 그것들을 함께 의미한다. 세상은 놀이에
의해 배가 된다. 비자발적인 필요의 세상과 자발적인 놀이의 세상이
그것이다. 후자의 세상에서 쾌락은 더 이상 목적이 아니고, 순수하게 그것
자체로 존재한다.
우리 인간에게도 역시, 세상은 놀이에 의해 배가된다. 그러나 지금은
고도의 발명들에 힘입어 놀이는 바야흐로 상상의 수준에 이르고 있다.
상상은 고통과 쾌락을 모두 강화시키는데, 이들 각각으로부터 불안과
환상이 만들어진다. 그렇기는 하나 이때에도 앞서 말한 것과 동일한
기본적인 차이는 남는다. 고통의 경우, 아주 많아져서 그 근원을 초과하여
흘러 넘치더라도 항상 원인과 중심 그리고 그 위치가 있다. 반면 쾌락은
반드시 그럴 필요는 없다.
인간의 행복은 흔치 않다. 그것은 순간으로만 존재할 뿐이다. 행복이란
보편화한 쾌락만을 이르는 말이다. 또한 행복은 그 순간에서의 한
인간에게 주어진 안녕이라는 선물과 존재라는 선물이 평형을 이루는
방정식으로 정의된다. 어떤 실용적인 만족을 넘어서는 잉여의 쾌락이
없이는 그런 평안은 존재할 수 없다. 미적 경험은 이런 방정식의 가장
순수한 표현이다.
예로부터, 이런 방정식은 자비로운 신이 있다는 증거로, 혹은
가끔만일지라도 자비를 베푸는 신이 있다는 증거로 이해되었다. 행복의
임의성은 신의 의도로 해석되었다. 여기로부터 수난과 고통의 문제가
생겨난다. 만일 쾌락이 선물로 주어졌고 행복이 신의 의도였다면, 어째서
고통이 존재해야 하는가. 대답하기 쉽지 않은 질문이다.
고통에서 벗어나는 일은 결코 쉽지 않다. 식량, 의료, 의복, 주거 등 생산

자원은 통상 부족하다. 그러나 기아, 질병, 추위, 결핍 등등, 고통의 원인이 되는 지점은 언제나 분명하다. 원칙적으로는 쾌락을 제공하거나 행복하게 만드는 것보다 고통으로부터 벗어나게 하는 일이 늘 쉬운 일이었다. 고통의 영역은 보다 쉽게 특정될 수 있기 때문이다.
그러나 하나의 커다란 예외가 있다. 상실에 대한 감정적 고통, 심장을 찢는 그 고통이 그것이다. 그런 고통은 인생 전체를 온통 채운다. 단 하나의 사건으로 시작된 것이겠지만 그 사건은 넘치는 고통을 줄곧 만들어낸다. 이런 괴로움을 겪는 사람에게는 위로가 불가능하다. 이런 고통은, 한때 쾌락이나 행복으로 주어졌던 것이 돌이킬 수 없이 영영 사라져 버린 것에 대한 아픈 확인이다.
쾌락이라는 선물은 가장 큰 신비이다.

사랑 노래

매섭게 차가운 날씨 속에 산맥이 서 있다.
내리는 비는 눈을 녹이고
또다시 얼어붙을 것이다.

카페에서는 두 낯선 사람이
아코디언을 연주하고,
실내를 가득 채운 사람들은 노래를 부른다.

선율들이
심장과 안구(眼球)를
가득가득 채우고,

웅성거리는 말들이
자리에 총총히 앉은 사람들의
귀를 가득 채운다.

턱수염을 스치는 음악은
관절을 이완시키고,
류머티즘을 훌륭히 치료한다.

그 음악 소리에 손톱은 정갈해지고,
손은 부드러워지며
굳은살들은 녹는다.

도살된 소 떼와 디젤 오일로부터,
또 끝없는 삽질로부터 돌아온,
카페 가득한 남자들은

깨끗이 씻은 손으로
사랑의 노래를
어루만진다.

내 손목을 빠져 나온 내 손은
네 젖가슴을 찾아
산맥들을 넘는다.

카페에서는 낯선 두 남자가
아코디언을 연주하고 있었고,
비는 내려 눈을 녹이고 있다.

동물에게 자연환경과 서식지는 그저 주어진 것이다. 그러나 경험주의자들의 믿음과는 달리, 인간에게는 그에게 필요한 실재(實在)가 그저 주어지지는 않는다. 그것은 끊임없이 추구되어야만 한다. 나는 그런 인간의 실재에 대해 *구원받는다*라는 말을 쓰고 싶은 유혹을 느낀다. 사람들은 실재와 가상에 대해, 실재는 늘 가까이에 있고 가상은 멀리 떨어져 있어 서로 대비되는 것으로 가르치고 있다. 이런 대비는 사실이 아니다. 사건들은 늘 가까이에서 일어난다. 그러나 이런 사건들에 내재하는 일관성—통상 이것을 실재의 의미로 쓴다—은 상상에 의해 만들어진 것이다. 실재는 늘 저 너머에 놓여 있다. 이런 사실은 유심론자들에게처럼 유물론자들에게도 맞는 말이다. 플라톤과 마르크스 둘 다에게 말이다. 실재는 어떻게 해석하든 간에 진부한 상투성의 장막 저편에 가려져 있다. 모든 문화는 스스로의 수행을 용이하게 하기 위해(규범을 확립할 목적으로), 그리고 스스로의 권력을 강화하기 위해 그런 장막을 만든다. 실재는 권력을 지닌 자들에게 적대적이다.

근대의 모든 예술가들은, 실재를 보다 뚜렷이 드러내 주고 실재에 더욱 가까이 다가가는 접근법을 발견하기 위해 노력해 왔다. 근대의 예술가와 혁명가들은 전례 없이 사소해지고 이기적이 되어 버린

상투성의 장막을 끌어내리려는 생각에 의해 함께 고무되었고 때로는 연대하는 모습을 연출해 왔다. 그들이 일치를 보인 거의 유일한 지점이다.

그러나 많은 예술가들은 정작 장막 너머 그들이 발견한 것들을 스스로의 재능과 예술가로서의 사회적 지위에 유리하도록 왜곡시켜 왔다. 그들은 예술을 위한 예술의 갖은 이론들을 동원하여 스스로를 정당화한다. 그들은 말한다. 예술이 실재라고. 그들은 실재로부터 예술적 소득을 짜내고 싶어 하는 사람들이다. 반 고흐야말로 이런 부류들에게서 가장 멀리 있었던 사람이다.

우리는 그의 편지를 통해 그가 상투성의 장막을 얼마나 명확히 의식하고 있었던지를 알 수 있다. 그의 전 생애는 실재에 대한 끝없는 갈망이었다. 색깔, 지중해의 기후, 태양 들은 그에게 실재에 이르게 하는 도구들이었다. 그것들은 그것 자체로서 동경의 대상이 되어 본 적이 없었다. 이런 갈망은, 그가 어떤 실재도 전혀 찾지 못했다고 느꼈을 때 겪게 되는 위기감에 의해 더욱 깊어지기도 한다. 오늘날 그런 상태들에 대해 정신분열증 혹은 간질 등 어떤 것으로 진단을 내리든, 달라질 것은 아무것도 없다. 그것들은 그 병리학적 이름과는 달리, 마치 불사조처럼 스스로를 태워 희생하는 실재에 대한 통찰력인 것이다.

그의 편지를 통해 알 수 있는 다른 하나는 그에게 노동만큼 신성한 것은 없었다는 사실이다. 그는 노동의 육체적 측면을, 정의롭지는 못해도 필요한 것임과 동시에 전체 역사에서의 인간성의 정수로 파악했다. 예술가의 창조 행위는 그에게 그런 여러 노동 행위들 가운데 하나에 불과했다. 그는 일을 통해서 실재에 가장 잘 접근할 수 있다고 믿었는데, 왜냐하면 하나의 생산 행위야말로 실재 그 자체였기 때문이었다.

말보다 그의 그림들이 더 확실히 이런 사실을 말해 주고 있다. 이른바 그 그림들의 거칢, 캔버스에 물감을 바르던 동작, 지금은 볼 수 없고 다만 상상만 할 수 있을 뿐인 물감을 선택해 팔레트에서 섞던 동작, 그림의 재료를 다루고 가공하던 모든 동작들은, 그가 그린 대상들의 행위와 닮아 있다. 그의 그림들은 그것들이 묘사하고 있는 실제 존재—존재의 노동—를 모방하고 있다.

의자, 침대, 구두 한 쌍. 그것들을 그린 그의 행위는 목수나 구두공이 그 물건들을 만드는 행위에 다른 어떤 화가들보다 더 가까이 가 있다. 그는 제품의 부품들—다리, 가로목, 등받이, 앉음판 또는 구두창, 앞가죽, 구두혀, 굽—을 모아, 마치 실제로 물건을 만들 듯이 그것들을 '결합' 시켰는데, 이 '결합' 이야말로 그 물건들의 실재를 드러내는 듯했다.

풍경 앞에서는 이 과정이 더욱 복잡하고 신비로웠지만 동일한 원칙을 따랐다. 흙과 물로부터 또 진흙으로부터 세상을 창조한 신을 상상해 보자. 나무와 옥수수 밭을 만들기 위해 그것들을 다루는 신의 방식은, 아마도 고흐가 나무나 옥수수 밭 그림을 그릴 때 다루던 방식과 아주 닮았을 것이다. 그는 인간이었고 그에게 신적인 것은 아무것도 없었다. 그러나 세상의 창조를 상상하기 위해서는, 지금 이 땅 위에서 행해지는 힘과 에너지가 시각적으로 표현된 것에 기초할 수밖에 없다. 그리고 이런 에너지들에 반 고흐는 지극히 적확하게 조율되어 있었.

꽃이 핀 작은 배나무를 그릴 경우, 고흐는 수액의 상승, 움의 형성, 움의 터짐, 꽃의 개화, 암술대의 뻗침, 줄기 끝의 단단해짐 등 이런 모든 움직임을 그의 그림 안에 나타내고 있다. 만약 도로를 그릴 경우, 그의 상상 속에서는 도로 건설 인부들이 거기 있었다. 쟁기질하는 땅을 그릴 때는 그 땅을 뒤덮는 쟁기의 동작이 그림 속에 포함되어 있었다. 어디를 보든 그는 노동의 존재를 보았다. 그리고 그렇게 인지된 노동을 통해 자신의 실재를 구성했다.

스스로의 얼굴을 그렸을 때는, 마치 손금쟁이가 손금에서 운명을
읽어낼 수 있다고 믿듯이, 과거로부터의, 또한 미래의 자신의 운명을
그려냈다. 그를 비정상이라고 보았던 당대인들은 우리가 지금 생각하듯
그리 멍청한 사람들은 아니었다. 그는 미친 듯이 강박적으로 그렸다.
다른 어느 화가도 그와 비견될 만큼 강박적이지 못했다.
그렇다면 그의 강박증은 과연 무엇이었는가. 그것은 작품에서의 두
동작―캔버스에 나타난 그리는 동작과 그 동작이 그려내고 있는
실재―을 보다 가깝게 근접시키는 것이었다. 이 강박증은 예술에 대한
생각에서 연유된 것이 아니라―그가 실재로부터 어떠한 소득도
얻어내지 못했다는 사실이 이것을 말해 준다―어떤 강렬하고 압도적인
공감으로부터 연유된 것이다.
"나는 황소, 독수리, 이런 것들을 존경한다. 그리고 내 야망을 무색케 할
만큼 강렬한 열망을 가진 사람을 존경한다."
더욱 강박적으로 가까이 다가가고 또 다가갔다. 극단적인 경우, 그는
너무 가까이 다가가서 밤하늘의 별은 빛의 소용돌이가 되었고,
사이프러스 나무는 바람과 햇빛의 에너지에 반응하는 살아 있는 신경
덩어리가 되었다. 실재에 의해 화가인 그가 녹아 버린 캔버스들마저
있다. 그러나 수백 점의 다른 그림에서 그는, 스스로가 녹아 들지 않은
채 실재가 만들어지는 영속적인 과정에서 인간이 할 수 있는 한 가장
가까운 관객의 위치를 견지했다.
오래 전, 그림은 거울에 비유된 적이 있었다. 반 고흐는 아마도 레이저
광선에 비유될 수 있을 것이다. 레이저는 무엇인가를 받으려고
기다리지 않는다. 제 스스로 만나러 나간다. 그 레이저 광선은 그저 빈
공간을 지나가는 것이 아니라, 세계를 만들어내면서 지나간다. 또한
그리는 행위는 평안을 포기한 채 경외감만으로 발언하는 한 방법이다.
용감히 가깝게 다가가, 그 발언이 어떻게 작동하는지를 보라!

벌목된 나무가 쓰러지고 난 뒤의 고요는 죽음 직후의 고요와 같다. 동일한 극치감이다. 잠깐 동안, 나무의 무게는—여전히 약간 위험스럽게 느껴지기는 하지만—한 행위가 완결된 무거움과 일치한다. 그 순간은 대단히 짧다. 벌목꾼들의 일상 작업과 나무를 벗기는 작업들이 재빨리 이어지기 때문이다. 하지만 아주 짧게 흘끗 본 알몸의 젖가슴이 지난 시절을 회상케 하듯이, 벌목된 나무의 돌연한 정적은 죽음을 연상케 한다.

숲 속에서는 비록 혼자 일을 할 때도 누군가가 함께 하는 듯한 뭐라 말하기 어려운 느낌이 든다. 편평한 들판, 벌거벗은 언덕, 초원 등과는 다르다. 나무들에게는 존재감이 뚜렷이 있다. 그들은 자신들의 종에 따라, 움직임과 정적 사이의, 동작과 수동성 사이의 범상치 않은 균형을 유지한다. 그리고 그런 균형이 이루어지는 내내 그들은 뚜렷한 존재감을 유지한다. 나무들이 지붕을 그리도 오랫동안 지탱하는 것은 놀라운 일이 아니다. 그들은 연대(連帶)를 제공한다. 아주 무관심한 듯 진중히 함께 있는 연대. 그들은 집들뿐만 아니라 법정이나 세무서, 감옥, 무기고 등의 지붕도 덮어 왔다.

나무에 의해 드러나는 연대는 무관심이나 정의의 개념보다 더 오래 된 개념이다. 그들은 공간적인 연대를 제공한다. 그것은 치수를 재고

숫자를 세는 연대이다. 숫자와 수학이 있기 훨씬 전, 인간의 언어가
처음 세상에 이름들을 붙였을 때 나무들은 거리와 높이, 지름과 공간에
대한 치수와 단위를 제공했다. 그들의 키는 살아 있는 그 무엇보다도
컸고, 그들의 뿌리는 어떤 생물보다 깊게 뻗어 있었으며, 하늘이라는
풀을 뜯어먹으면서 땅의 깊이를 측량했다. 나무들로부터 기둥과
원주에 대한 아이디어가 태어났다. 나무는 인간에게 수직 공간의
높이를 헤아리게 했고, 이런 헤아림―신비스럽게도 사슬톱에 석유를
채우는 오늘날에도 여전히 유용하게 쓰이는데―으로 인해 우리가
결코 혼자만이 아니라는 분별있는 확신이 이 세상에 존재한다.

> 황혼의 소나무들엔
> 저마다
> 새들이 지저귀며 깃들인다.
> 숲은
> 수직의 적막 속에서,
> 돌처럼 냉정한
> 역사에는 무관심한 채,
> 떨어지는 태양의
> 옛 얘기를
> 경이로운 흥분 속에서
> 반복하고 있다.

하루가 끝나고 그들이 숲에서 나왔을 때, 팔다리는 사슬톱과 갖가지
연장들을 날라야 한다는 명령에 가까스로 복종할 수 있었는데, 여과
없이 쏟아지는 햇빛과 풍광은 눈을 부시게 했다. 아주 힘겨운 육체
피로 속에서도 경이로운 순간들을 느끼면서, 마치 어떤 눈짓에

반응하는 양 미소를 띠었다. 숲 속에서 여러 시간을 보낸 후 그들에게 눈짓하는 것은 아래로 펼쳐진 계곡과 탁 트인 하늘이다. 지친 무릎에 이끌려, 혹은 자신도 모르게 풀숲 사이로 난 길을 찾아 내려가는 장화에 이끌려 한 사람씩 경삿길을 따라 내려온다. 모두가 저마다의 휴식처로 향하는 것이다. 그들은 이제 세상으로 돌아가는 것인데, 세상으로부터의 첫 선물은 하나의 쉴 공간이며, 그 다음으로는 평평한 탁자와 침대가 선물로 주어진다. 가장 행복한 사람에게는 침대를 함께 나눌 누군가가 주어질 것이다.

아무리 격심하게 격리된 하루를 보낸 뒤일지라도, 탁 트인 하늘을 뒤로 하고 나는 당신에게 돌아간다. 내가 소망해 마지 않는 당신 몸에 실리는, 내 피로와 내 머리의 무게를 통해 당신은 나를 느낀다.

우리가 같은 장소에 함께 있는가 혹은 서로 떨어져 있는가에 따라,
나는 당신을 두 가지로 느낀다. 두 가지의 당신이 있다.
당신이 떨어져 있을 때에도 당신은 나를 위해 존재한다. 이 존재는
복수적 형태를 띠고 있다. 무수히 많은 이미지들, 글귀들, 의미들,
기지(旣知)의 것들, 이정표들로 구성되어 있지만, 이 모든 것들은
당신의 부재(不在)를 드러내면서 널리 퍼져 있다. 하나의 장소에서
당신의 인격을 보고, 지평선에 길게 펼쳐져 있는 당신의 모습을 본다.
어느 형체 없는 마을에서 사는 것처럼 나는 당신 안에서 산다. 당신은
모든 곳에 존재한다. 그러나 그 마을에서는 나는 당신의 얼굴을
대면해서 만날 수가 없다.
이별은 작은 죽음이다(Partir est mourir un peu). 어디에선가 이 문장이
인용된 것을 처음 들었을 때 나는 아주 어렸다. 그것은 내가 이미
깨닫고 있던 진실을 표현하고 있었다. 생각하건대, 이 세상이 마치
내가 결코 얼굴을 맞대고 당신을 만날 수 없는, 하나의 형체 없는
마을처럼 여겨지는 경험, 그런 당신 안에서 살아가는 경험―이 경험은
죽은 자의 기억과 함께 살아가는 경험과 약간 비슷한데―때문에 나는
지금 이 문구를 기억한다. 아주 어렸을 때 내가 몰랐던 것은, 그 어떤
것도 과거를 완전히 앗아가지는 못한다는 사실이었다. 과거는 죽음을

낳기 위한 태반처럼 서서히 한 인간의 주위에서 자라 간다.
나는 그 마을에서의 당신의 몸짓, 목소리의 억양, 당신 몸을 이루는 모든 부분의 모습을 알고 있다. 거기서의 당신은 육체적인 실감이 약해져 있지는 않지만, 자유로움은 덜하다.
내 눈 앞에 마주하는 그곳에서의 당신은 예측이 불가능하게 변한다. 당신이 무엇을 하려 하는지를 알 수가 없다. 나는 당신을 좇는다. 당신은 행한다. 그리고 당신의 그 행위에 의해 나는 다시 사랑에 빠진다.

언젠가 침대에서, 내가 가장 좋아하는 화가가 누구냐고 당신은 물었다. 나는 정직한 답을 하기 위해 내가 조금이라도 알고 있는 화가들을 떠올리며 길게 머뭇거린 후, 카라바조(Caravaggio)라고 대답했다. 내 스스로 내 대답에 놀랐다. 더 고상한 화가들도 많았고 더 폭넓은 안목의 화가도 많았다. 내가 더 존경하는 화가도, 더 존경받을 만한 화가도 많았다. 그러나 사전에 미리 계획된 대답이 아니었기 때문이기도 했겠지만, 내가 더 가깝게 느낀 화가는 그 말고는 없었다.
내가 화가라는 이름으로 그린, 그의 작품과 비교할 수도 없이 보잘것없는 나의 몇몇 회화 작품들 가운데 다시 들여다보고 싶어지는 것은, 1940년대말 리보르노(Livorno)의 거리에서 그린 것들이다. 당시 이 도시는 전쟁의 상흔이 가시지 않은 가난한 곳이었는데, 내가 소외와 좌절의 참맛을 처음으로 배우게 된 곳도 바로 거기였다. 권력을 가진 자들과는 어떤 일도 함께 하기 싫어하는 나 자신의 성향을 알게 된 것 역시 그곳에서였다. 이런 성향은 일생 동안의 혐오로 이어져 왔다.
내 생각에 카라바조에 대한 나의 복합적인 감정이 시작된 것은 바로 리보르노 시절부터였던 것 같다. 그는 처음으로 천민 대중들, 뒷골목의 사람들, 빈민 저항 계급, 룸펜프롤레타리아들, 암흑가의 사람들을 그린 화가다. 도시 빈민을 지칭하는 단어들 가운데, 그들을 모욕하지 않고 시혜의 대상으로 여기지 않는 의미의 단어를 가진 유럽의 전통 언어는 하나도 없다. 그것이 권력이다.

카라바조 이후 오늘날까지, 브라우어, 오스타데, 호가스, 고야, 제리코, 구투조 등 여러 화가들이 사회 환경에 대해 그와 유사한 그림들을 그려 왔다. 그러나 그것들 모두는 아무리 위대한 것이라 하더라도 불행하고 위험스런 삶을 타인들에게 보여주기 위한, 이른바 풍속화들이었다.

그러나 카라바조에게는, 어떤 정경을 표현하고 드러내는 것보다 그것 자체를 보는 것이 더 중요한 문제였다. 그는 다른 사람들에게 보여주기 위해 하층사회를 묘사하지 않았다. 그들과 함께 나누는 관점에서 작업했다.

미술사는 카라바조를 명암 대조법의 위대한 선구자로, 또 렘브란트나 다른 화가들에 의해 후에 사용된 빛과 어둠 표현법의 선구자로 기록하고 있다. 물론 그의 표현법은 미술사적으로 유럽 미술 진화에서의 한 단계로 생각될 수 있다. 그런 관점에서 보면 카라바조는, 반종교개혁파의 고상한 미술과 태동하던 네덜란드 부르주아의 일상 미술 사이의 연결 고리로서 거의 필수적인 위치를 차지한다. 그 연결 고리는 빛과 어둠을 함께 지니고 있는 새로운 화풍의 형태를 띠고 있었다. (로마와 암스테르담은 그에게 끝없이 악평을 퍼부었다.)

실제 생존했던 카라바조—내 이탈리아 벌목꾼 친구들의 고향과 가까운 베르가모(Bergamo) 근방의 작은 마을에서 태어나, 소년 시절 미켈란젤로라는 이름으로 불렸던—가 상상하면서 보았던 빛과 그늘은, 그의 욕망과 생존을 위한 본능이 힘겹게 뒤엉켜 이루어진 극히 개인적인 의미를 갖고 있었다. 미술사적 논리에서가 아니라, 바로 이런 개인적인 의미를 통해 그의 예술은 하층민의 세계에 닿아 있다.

그의 명암 대조법에는 햇빛이 배제되어 있다. 어둠이야말로 지붕과 네

벽을 지닌 피난처가 줄 수 있는 선물이라고 그는 느꼈다. 무엇을, 어디를 그리든 그는 실내만을 그렸다. 때로―이를테면〈이집트로의 탈출〉이나 그가 좋아했던〈세례 요한〉중의 하나에는―배경에 풍경을 그려 넣지 않으면 안 되었던 때도 있었다. 그러나 이런 풍경들 역시 안뜰을 가로지르는 줄 위에 걸쳐져 있는 장식용이나 가리개용 천 정도의 비중이었다. 그는 실내에서만 편안했다. 아니 그는 어디서도 평안을 느끼지 못했다. 그저 실내에서만 그나마 상대적인 편안함을 느꼈을 뿐이었다.

그의 어둠에서는 초와 농익은 멜론의 냄새, 다음날 내어 널리기를 기다리는 축축한 빨랫감들의 냄새가 난다. 그것은 층계참과 구석진 노름판의 어둠, 싸구려 여인숙의 어둠과 황급한 마주침이 있는 어둠 등이었다. 그리고 희망은 그 어둠을 사르는 불꽃 속에 있는 것이 아니라 바로 어둠 자체에 있다. 명암 대조법이라는 기법 자체가 폭력과 수난, 동경과 죽음을 드러내고 있기 때문에 그림에 제시되어 있는 피난처가 상대적이긴 하다. 그러나 적어도 그것은 친밀한 모습으로 드러나 있다. 그림에서는 햇빛과 함께 어떤 거리감과 고립감이 배제되어 있다. 하층사회에서 이 둘은 두려움의 대상이다.

불안한 삶을 살면서 습관처럼 서로 무리를 짓는 사람들은 그들의 공간 부족과 사생활의 부족이 야기하는 갈등을 환히 드러내 주는 열린 공간에 공포심을 가진다. 카라바조 역시 이 공포심을 공유하고 있었다. 〈마태의 부름〉에서는 일상적인 테이블에 둘러앉아 수군거리면서 장차 해야 할 일에 대해 자랑하고 돈을 헤아려 보고 있는 다섯 남자가 그려져 있다. 방은 희미한 불빛으로 밝혀져 있다. 갑자기 문이 활짝 열린다. 문으로 들어온 두 사람과 함께 거친 소음과 밝은 빛이 화면 속으로 침입하고 있다. (베런슨은 두 사람 중 하나인 예수는 범인을 체포하기 위해 출동한 형사처럼 들어왔다고 쓰고 있다.)

마태의 동료 두 사람은 침입자들을 쳐다보기를 거부하고, 다른 두 젊은
사람은 낯선 그들을 호기심과 경멸을 섞어 대한다. 왜 그토록 무모한
제의를 하는 것일까. 저 깡마른 사람은 누구를 믿고 모든 얘기를 혼자
다 하고 있는 것일까. 떳떳지 못한 양심 때문에 함께 있는 동료들보다
더욱 이성을 잃은 마태는 스스로를 가리키며 묻는다. 정말 내가 가야
한단 말인가 하고. 진정으로 당신을 따라가야 할 사람이 나인가 하고.
얼마나 많은 떠남에의 선택이 여기서의 그리스도의 손과 닮아 있는가!
그 손은 결단해야만 하는 사람을 향해 함께 떠나기를 제안하지만 너무
부드럽고 불확실한 손이라 붙잡기가 힘들다. 가야 할 방향을
명령하지만 직접적으로 도와주지는 않는다. 마태는 일어난다. 그
낯설고 야윈 이를 따라 방을 나오고 좁은 길을 내려와 그 지역을
벗어날 것이다. 그는 그의 복음서를 쓸 것이고 에티오피아와 카스피
바다 남쪽과 페르시아를 돌아다닐 것이다. 그리하여 아마도 살해될
것이다. 맨 위층 다락방에서 있었던 이 결단의 드라마에는 바깥
세상으로 이어지는 창문이 하나 보인다. 전통적으로 회화에서 창문은
빛의 공급원으로, 또 자연이나 바깥일들을 본보기로 보여주는 하나의
틀로 취급되어 왔다. 그러나 이 창문은 그렇지 않다. 창문은
불투명하며 들어오는 빛도 없다. 아무것도 보이지 않는다. 우리는
다행스럽게도 밖을 보지 못한다. 바깥은 위협적이기 때문이다. 최악의
소식들만이 창을 통해 전해진다.
카라바조는 이단적 화가였다. 소수의 교회 인사들이 그를 옹호하긴
했어도 그의 작품들은 그 제재로 인해 교회로부터 배척받고
비판받았다. 그의 이단 행위는 종교적 주제들을 통속적인 비극으로
바꿔 놓은 데 있다. 〈성처녀의 죽음〉의 경우, 그가 물에 빠져 죽은
창녀를 모델로 하여 그렸다는 소문은 실상 아무것도 아니다. 더 중요한
사실은, 죽은 여인이 가난한 사람들이 주검을 안치하는 식으로 놓여

있으며, 조문객들의 조문 방식 역시 가난한 사람들의 그것과 같다는 것이다. 가난한 이들은 여태껏 그리 하고 있다.

> 마리넬라와 셀리눈테에는 묘지가 없으므로 누군가 죽으면 우리는 역으로 옮겨 가 카스텔베트라노로 보낸다. 우리 어부들은 일심동체로 움직인다. 우리는 유가족들에게 경의를 표한다. "너무 좋은 사람이었지요. 정말 아깝습니다. 앞으로 살아야 할 날들이 얼마나 많이 남아 있는데." 그런 후 우리는 일을 위해 항구로 나가지만 죽은 이에 대해 서로 끝없이 얘기하면서 사흘을 꼬박 고기잡이를 못 한다. 친척들과 친구들이 유가족들에게 적어도 일주일 동안 음식을 해 먹인다.[2]

매너리즘 양식에 속하는 당시의 다른 화가들도 혼란스런 군중의 모습을 그렸지만 그들의 자세는 아주 달랐다. 군중들을 마치 화재나 홍수처럼 커다란 재난으로 바라보았다. 그리고 그런 관점에는 현세에서의 저주라는 정조가 반영되어 있었다. 관찰자는 특권적 위치에서 하나의 우주적 연극을 보고 있었다. 이에 반해 카라바조의 과밀한 캔버스는 한정된 공간 안에 함께 존재하며 서로 꼭 붙어 친밀하게 사는 사람들로 채워져 있다.
하층사회는 연극으로 충만해 있다. 그러나 그 연극들은 우주적인 효과나 지배층의 오락과는 아무 연관이 없다. 하층사회의 일상 연극에서는 모든 것이 바로 곁에 있는 것처럼 뚜렷이 드러난다. '상연되는' 것들은 어떤 경우든 '리얼한' 것이 된다. 보호받는 느낌을 주는 공간도, 위계를 보여주는 관점도 없다. 카라바조는 위계적 구분이 무시되고, 필요한 거리감도 나타나지 않으며, 강렬함 일색으로 그려진 그의 그림들 때문에 지속적으로 비판받아 왔다.

하층사회는 숨김 속에서 스스로를 드러낸다. 이것은 그 사회가 자리한 사회적 환경의 역설이며 그 사회의 가장 깊은 요구 중의 하나를 표현한 것이다. 하층사회에는 스스로의 영웅과 악한이 있으며 나름의 명예와 불명예가 있고, 이것들은 전설과 설화, 일상의 여흥을 통해 기념된다. 그 일상적인 여흥은 실제 행위를 위한 예행연습과 비슷한 것이다. 순간적인 충동에 의해 벌어진 광경 속에서 사람들은 스스로를 연기하면서 그 극한에까지 이른다. 이러한 '여흥 연기'가 없었다면 하층사회의 대안적 도덕 코드와 나름대로의 명예는 잊혀질 뻔한 위험에 처했을 것이다. 아울러 주변 사회로부터의 비난과 부정적 판단 역시 급속히 진행되었을 것이다.

하층사회의 생존방식과 긍지는 일종의 연극에 의존한다. 그 연극에서 모든 이들은 현란하게 연기하면서 자기 존재를 드러내고자 하지만, 개인들의 생존은 낮게 엎드리거나 들키지 않게 숨는 데 달려 있다. 이런 팽팽한 긴장은, 쓸 수 있는 모든 공간을 몸짓으로 채우고 삶의 욕망을 흘끗 보는 한 번의 눈짓으로 드러내 주는, 급박한 표현 기법을 만들어낸다. 이리하여 어떤 혼잡함과 과밀함이 캔버스를 채운다.

카라바조는 하층사회의 화가이다. 또한 깊고 예외적인 성적 욕구를 가진 화가이다. 그 말고 대부분의 이성애(異性愛) 화가들의 시선은, 구경꾼들을 위해 옷 벗은 '멋진 여성들'을 마치 포주처럼 바라보고 있다. 하지만 카라바조는 정작 자신이 여성의 상대자가 되어 그들을 욕망의 대상으로 바라보고 있다.

욕망은 그림의 성격을 백팔십 도 전환시킨다. 종종 처음에는 소유하고픈 욕망이 감지된다. 만지고 싶은 욕망, 얼마간은 손을 올려 놓고 싶은 마음, 취하고 싶은 욕구이다. 이후 이 욕망은 소유되고 싶은 욕망, 상대방 안에서 자신을 놓아 버리고 싶은 욕망으로 바뀐다. 이렇게 서로 상반된 순간들로부터 욕망의 변증법이 생겨난다. 이 두 순간은 남녀 모두에게 적용되며 서로가 교류한다. 두번째의 순간, 다시 말해 상대에게 자신을 잃고 싶은 순간이야말로 가장 버림받는 가장 필사적인 순간으로, 카라바조가 그의 많은 그림들에서 드러내려고 선택했던 (혹은 강요되었던) 모습이다.

그의 인물들은 주어진 제재 속에서 모호한 성적 몸짓을 드러낸다. 여섯 살 먹은 아이가 마돈나의 몸을 만진다. 마돈나는 그의 셔츠 아래로 손을 넣어 보이지 않게 허벅지를 어루만진다. 한 천사는 마치 창녀가 늙은 손님을 대하듯이 성 마태의 손등을 두드리고 있다. 어린 세례 요한은 양의 앞발을 자신의 다리 사이에서 마치 성기처럼 쥐고 있다. 카라바조 그림의 거의 모든 붓질에는 성적인 부하가 걸려 있다. 아주 다른 두 물질(모피와 피부, 옷과 머리칼, 금속과 피)이 서로 접촉하더라도 그 접촉은 만지는 행위로 변해 버린다. 어린 소년 큐피드를 그린 그림에서는, 날개 끝의 깃털 하나가 연인이 그곳을 찾아가듯 정확히 소년 자신의 허벅지 상부에 닿아 있다. 조롱하는 듯한, 또 알고 있는 듯한 유혹자로서의 신중하고 모호한 처신은, 그런 자극에 대해 아무렇지도 않은 듯 태연한 모습을 취하게 한다. 나는 그리스의 빼어난 시인 카바피(C. Cavafy)를 떠올린다.[3]

한 달여간 우린 서로 사랑했네.
그런 후 그는 떠났다네. 아마도 스미르나로,
일자리를 찾아. 우리는 다신 만날 수 없었네.

살아 있다 해도, 이제 그 회색 눈동자에는 아름다움 지워지고,
그 빛나던 얼굴 또한 많이 상해 있겠지.

오, 기억이여, 그것들이 있던 그대로 보존해 주렴.

기억이여, 그대가 나의 이 사랑을 위해 해줄 수 있는 것은,
지나간 것들을 오늘 밤 내게 되돌려 주는 것이라네. 그것들이 그 어떤 것이든.

오직 카라바조의 그림에만 있는 특이한 얼굴 표정이 있다. 〈유디트와 홀로페르네스〉에서의 유디트의 얼굴, 〈도마뱀에 물린 소년〉에서의 소년의 얼굴, 물 속을 바라보고 있는 나르시스의 얼굴, 골리앗의 머리채를 쥐고 있는 다윗의 얼굴 등에서 나타나는 표정이다. 그것은 전심을 기울이는 데 따르는 폐쇄성과 개방성, 취약성과 힘, 동정과 결단력의 표정이다. 그러나 이 단어들에는 너무 윤리적인 냄새가 난다. 나는 짝짓기 전과 죽음을 당하기 직전의 동물의 얼굴에서 이와 유사한 표정을 보아 왔다.
피가학증에서 사용하는 용어로 이것을 해석하려는 것은 어리석다. 이 표정들은 개인적 선호의 차원보다 훨씬 더 깊이 나아간다. 이 표정에 있는 쾌락과 고통, 열정과 망설임은 성적 경험 자체 안에 그런 이원성들이 내재함을 반영하고 있다. 성은 근원적 일체성의 파괴로부터, 즉 분리로부터 결과되었다. 그리고 우리가 사는 이 세상에서는, 다른 무엇도 아닌 성교만이 이 분리에 대한 일시적인 완성을 약속한다. 성교는 태초의 저주에 맞서기 위해 사랑을 껴안는다.
이런 지식을 통해 조망될 때, 그가 그린 얼굴들은 하나의 상처처럼 깊이 파악될 수 있다. 그것들은 타락한 이들의 얼굴이며, 그 얼굴들은 오직 타락한 이들만이 알고 있는 진실성으로 자신을 욕망에 내준다.
욕망의 대상 안에서 스스로를 잃어버리는 것. 카라바조는 사람의 몸을 그리면서 어떻게 그것을 표현할 수 있었을까. 두 젊은이는 반라 혹은 전라의 모습이다. 젊기는 해도 그들의 몸에는 경험과 노동의 흔적이 새겨져 있다. 손은 이미 오염되었고 허벅지에는 이미 살이 올랐으며 발은

닳았다. 태어나고 자라고 땀 흘리고 헐떡이며 불면의 밤을 보내는, 젖꼭지들이 마치 눈망울처럼 그려진 몸은 결코 어떤 이상적인 몸을 모델로 한 것이 아니다. 순결하지 않은 그 몸은 역경을 담아 안고 있다. 또한 이것은 그들의 직감이 구체적으로 파악될 수 있음을 의미하고, 그들의 표피 저편에는 하나의 우주가 있음을 의미한다. 욕구의 대상이 되는 육체는 꿈꾸어 오던 목적지가 아니라 바로 출발점이다. 그들의 모습 그 자체가, 가장 낯설고 육욕적인 뜻에서의 내면적 잠재성을 향해 유혹하고 있다. 카라바조는 그것들을 그려내면서 깊이를 꿈꾼다. 익히 알려진 것이지만 카라바조의 그림에는 값나가는 재물들이 보이지 않는다. 약간의 그릇과 도구들, 의자 몇 개 그리고 테이블이 전부일 정도다. 등장인물 주변도 마찬가지여서 별 관심을 끌 만한 것이 없다. 어두운 실내에 빛으로 타오르는 몸뚱이 하나가 있을 뿐이다. 창밖의 세계 같은 비인격적인 주위 환경은 여기서는 잊혀져 있다. 욕망의 대상이 되는 육체는 낮의 어둠인지 혹은 밤의 어둠인지가 중요치 않은, 이 행성에서의 삶 그것 자체인 어둠 속에 드러나 있다. 마치 유령처럼 타오르는 이 욕망의 대상은 어떤 도발적인 몸짓에 의해서가 아니라, 숨김없는 직관 그 자체에 의해 표피 저편에 숨어 있는 우주를 약속하면서 그곳을 향해 떠날 것을 유혹한다. 그 얼굴에서는 단순한 제안보다 훨씬 더 나아간 표정이 드러나 있다. 그것은 스스로를 받아들이고, 세상의 잔혹성을 받아들이며, 하나의 선물로서의 함께하는 잠자리를 받아들인다. 여기서. 지금.

이별

우리는 떠돌이의 언어를 쓰고,
하릴없이 강한 억양을 쓰면서,
우유를 이르는 또 다른 말을 갖고 있다.
우리는 열차로 와
플랫폼에서 포옹한다.
우리와 우리 마차들.
우리가 없을 때,
우리 목소리는
침실 벽에 걸려 있다.
모든 것을 나누고
아무것도 나누지 못하는 우리—
우리는 그 무(無)를 둘로 나눠
같은 병으로부터
한 모금씩 마셔 버린다.
뻐꾸기에게서 셈을 배운 우리,
우리의 노래는 어떤 화폐로 변해 갔던가?

저마다의 침대 속에 혼자 누워 있는 우리가
시에 대해 무엇을 알겠는가?

우리는 선물의 전문가들이다.
꾸려져 있거나
그저 내밀한 것으로 있거나 간에.
떠나기 전, 우리는 우리의 눈과 발, 그리고 등을 감추어 둔다.
우리가 취한 것은 기껏 쓰레기들뿐이다.
우리는 남겨 둔다.
창틀과 거울 뒤에
우리의 눈을,
침대 곁의 카펫 위에
우리의 발을,
벽의 모르타르 속과 돌쩌귀에 달려 있는 문들에
우리의 등을.
우리 뒤로 문은 닫히고
마차 바퀴 소리만 요란하다.

우리는 취하는 데에도 전문가들이다.
기념일들을,
손톱 모양을,
잠든 아이의 침묵을,
당신 셀러리의 맛을,
우유를 이르는 다른 말을.
저마다의 침대 속에 혼자 누워 있는 우리가
시에 대해 무엇을 알겠는가?

선로와 교차역과
집결지들이
우리 앞에 큰 소리를 내며 놓여 있다.
우리가 지나 온 길보다 더 긴 시구(詩句)를 가진
시는 없다.
말을 사고 파는 장수들처럼,
입 안을 들여다보고 거리를 가늠하며
이빨을 보고 고통을 판단한다.

걸어서, 노새를 타고,
여객기로, 트럭으로,
우리는 우리네 가슴속에 있는
모든 것을 나른다.
수확물과 관(棺)과 물을,
기름과 수소(水素)와 도로들을,
꽃 피는 라일락과
공동묘지 위로 던져지는 흙을.

음울한 타지의 소식에 둘러싸인 우리,
우유를 이르는 다른 말을 갖고 있는 우리,
저마다의 침대 속에 혼자 누워 있는 우리가
시에 대해 무엇을 알겠는가?

산파들처럼 우리는,
여인들이 어떻게 아이를 배고

낳는지를 안다.
학자들처럼 우리는,
언어를 흔들어 떨게 하는 것이 무엇인지를 안다.

우리의 일.
나뉘어 있었던 것을 한데 합치는 일이
언어를 흔들어 전율케 한다.
수천 년을 건너서
툰드라와 숲으로 난 마을길을 가로질러,
작별 인사를 하고 다리들을 지나,
우리 아이들이 있는 도시를 향해
모든 것을 옮겨야 한다.

트럭들이
젖소를 실어 옮기는 것처럼,
우리는 시를 간직하여 옮긴다.
이윽고 트럭들은 길가에
소들을 내려놓을 것이다.

사랑의 반대는 미움이 아니라 서로 떨어짐이다. 사랑과 미움은 그
열정이 서로 함께 한다는 점에 공통점이 있다. 사랑하는 사람은
사랑하는 사람과, 미워하는 사람은 또 그렇게 미워하는 사람과. 그런
열정들은 떨어짐 혹은 분리에 의해 시험받는다.
공간이 벌어지고 분리가 존재의 조건이 되자마자 사랑은 이 분리를
시험한다. 사랑은 모든 종류의 거리를 없애는 것을 목적한다. 죽음

역시 같다. 하지만 사랑은 반복할 수 없는 것, 유일한 것을 축하하는 데 비해, 죽음은 이런 것들을 파괴할 뿐이다.

우주가 영원히 팽창하고 있다는 것을 감안하면 우주의 최대 직경, 팽창 가능한 최대 한계는 이백오십억 광년으로 계산되어 왔다. 일 광년은 오조팔천칠백팔십사억 마일이다.

사용되고 있는 용어들이 낯설기 때문에 이런 팽창은 상상이 쉽지 않다. 떨어짐에는 두 가지 종류가 있다. 말로 표현되는 것과 숫자로 나타난 것이 그것이다.

한편으로 우리는 우주공간을 창조한 힘은 밀어냄과 끌어당김, 팽창과 수렴이라는 서로 엇갈리는 두 힘이라는 논리를 배워 왔다. 모든 언어에서 사랑을 표현하면서 별을 인용하는 이유 역시 이런 데 있다. 모든 우주론이 성(性)으로 귀속되는 이유 또한 이것이다.

현대 물리학에서의 '우주 난자(卵子)'나, 일 입방 센티미터에 일조 킬로그램이나 나가는 단일 시원 물질인 *아일럼(ylem)* 등은, 모든 창조 신화에 등장하는 같은 주제를 저마다 다르게 표현한 변종들에 불과하다. 부르는 이름만 다를 뿐이다.

땅과 하늘이 열정적으로 하나였고, 형태를 가진 것이 생겨나기 전 모든 것은 가상적으로만 존재했다. 세상과 형태와 팽창이 있어야 했으므로, 땅과 하늘은 분리되고 찢어져야만 했다.

사랑은 모든 거리를 없애는 것을 목표로 한다. 하지만 분리와 공간이 아예 없다면 사랑하는 사람이든 사랑받는 사람이든 존재할 수 없을 것이다. 공간과 사랑 사이에는 원초적인 대립이 존재한다. 그러한 대립은 태초의 창조 행위 속에 하나의 에너지로 간직되어 있다.

근원에 대한 이론(theory of origin)은 창세기부터 다원주의에 이르기까지 모두 순진하고 실망스럽다. 또한 그 이론들은 오해되기 쉽다. 한 인간의 수준에서도 수태되기 전의 자신을 상상하는 것이 불가능하듯이, 모든 근원적인 것들은 파악될 수 없는 것들이다. 근원에 대한 이론들은 우리를 둘러싸고 있는 우주의 명백한 에너지와 진행형 가운데 있는 우리의 관계를 설명하려는 시도들이다. 우리의 지력(知力)은 모든 집중력을 동원하여, 무한한 우주 에너지에 비추어, 또 그것에 반해, 스스로를 정의하고자 끊임없이 시도하고 있다. 별에 대한 모든 의문 또한 이런 시도와 궤를 같이한다. 그리고 모든 근원 이론은 여기(이 행성, 지구)서 존재하는 것에 대한 경험을 기술하기 위해 발명된 하나의 가설일 따름이다.

태초에 창조자가 있었다. 그 다음에는—만일 무엇인가 얘기해야 한다면—전개, 팽창과 분리가 있었다. 내 사랑하는 여인이여.

그는 여자의 다리 사이에 머리를 두고 눕는다. 얼마나 많은 남자들이 이런 자세로 누울까. 얼마나 많은 여자들이 남자의 머리에 손을 드리우고 함께 미소 지으며 출산에 대해 생각할까. 모든 것이 되돌아가 새로이 갖추어지는 곳이 바로 여기다. 집은 거리를 알 수 없는 먼 곳으로의 귀환이다.

꿈

지구의 한구석에
나는 내 모국어의
모든 억양을 묻는다.

거기 그 억양들은

개미들이 모은 솔잎처럼
누워 있다.

훗날 또 다른 방랑자가 나타나,
가만가만 소리쳐, 그것들을
불러일으킬 것이다.

그때면, 그는
자장가를 듣는 것처럼 따스하고 편안하게
밤새 진실을 들을 것이다.

철도가 생기기 전, 사람들의 꿈에서 철도역을 대신한 것은
무엇이었을까? 언덕, 샘, 대장간의 풀무, 이런 것들이었을까. 전차나
버스에서와 마찬가지로 이 물음은 철도역에 접근하는 하나의
방법이다.
19세기의 모든 건물들 가운데 간선 철로에 위치한 역이야말로 고대적
의미의 운명을 완벽하게 다시 떠올리게 하는 곳이었다. 증권거래소,
은행, 호텔, 극장, 법정 등은 하나의 장식으로서 지어진 것들이다. 혹
다른 말로 하면 그것들은 이미 꿈이요 몽상이다. 그러나 철도역은
아무리 건축적 '치장'이 화려하다고 해도 어떤 단호한 존재로 남아
있다. 그것은 철도역이 돌아옴과 떠남의 장소이기 때문이며, 그 어떤
것도 이 두 가지 사건의 중요성을 희석시킬 수 없기 때문이다. 오고 갈
뿐이다. 만나고 헤어질 뿐이다. 꿈은 철도역을 즐겁게 맞았다.
왜냐하면 역은 이미 다른 형태로 낯익은 것이기 때문이다.
그리스어에서 메타포(*metaphor*)는 '짐꾼'을 뜻한다. 꿈과 상상력 속에
발송과 전달이라는 운송의 행위가 얼마나 깊이 내재되어 있는가를
일깨워 주는 예이다.
항구는 철도역보다 훨씬 밋밋하다. 항구는 훨씬 더 먼 거리를 떠오르게
하지만, 바다는 철로와는 달리 운송이라는 단일하고 유일한 목적을

가지고 있지 않기 때문이다. 그리고 공항은 너무 정연하다. 공항은 언제나 실재와 약간 멀리 떨어져 있다.

역에서는 공식적인 것과 개인적인 것이 공존한다. 운명들은 모두 탕진된다. 기차는 인쇄된 시간표에 따라 정기적으로 달린다. 노선은 가차없다. 그러나 맞이하려고 또 보내려고 나온 사람들에게, 또 승객들에게, 개개의 열차는 그들만의 의미를 가진다. 그 의미들은 얼굴과 짐, 플랫폼에서의 껴안음에서 드러나는 만남과 떠나 보냄을 통해 세세히 나타난다.

늦은 봄날 오후, 그 역에는 도착하는 사람이 거의 없었다. 나는 플랫폼으로 들어오는 열차를 기다리기 위해 난간을 따라 올라가던 유일한 사람이었다. 객차 칸이 내 앞을 스쳐 갔고 그 속의 사람들이 내리기 위해 문간으로 몰리는 것을 볼 수 있었다.

처음 내리는 사람들은 이미 이 도시에 정주한 이민 노동자들의 친척들로, 스페인 사람들이었다. 아이들이 어른들보다 플랫폼에 훨씬 익숙한 듯이 보였다. 아이들에게는 어느 도시가 구별 없이 서로 비슷하게 보이기 때문일 것이다. 끝머리의 객차에서는 독일종 셰퍼드 두 마리를 데리고 한 남자가 내리고 있었다. 기관차가 풀려 어디론가 멀어져 갔고 이제 객차는 꼼짝 않고 그 자리에 서 있었다.

그 순간 나는 플랫폼의 끝에서 당신을 보았다. 바지 차림이었다. 계곡 지방의 늦은 오후, 희게 부서지는 넓은 확산광 속에 멈춰 선 기차 옆의 플랫폼에서, 당신은 아주 작은 모습이었다. 당신의 그 조그만 나타남으로 인해 모든 것은 달라졌다. 철로 아래로 뚫린 통로에서 지고 있는 해에 이르기까지, 열차 시각표에 씌어져 있는 아라비아 숫자에서 지붕 위에 앉아 있는 갈매기에 이르기까지, 눈으로 볼 수 없는 별들에서 내 입 속에 남아 있는 커피 맛에 이르기까지, 그 모든 것이 달라진 것이다. 오래 전에 내가 닿았던 우연의 세계는 이제야 하나의 방의 모습을 이루었다. 나는 집에 돌아온 것이다.
당신은 출입국 관리에게 서류를 보여주는 행렬 속에 서 있었다. 그 관리는 당신을 아래위로 훑어보며 여권에 붙은 옛 사진에서 닮은 곳을 찾으려 애쓰고 있었다. 이윽고 그가 고개를 끄덕이자 당신은 나를 향해 팔을 내밀고 달려왔다.
버스 정류장에서 신문을 팔고 있는 남자에게, 나는 반시간 전에 그에게서 신문을 산 회색 머리의 외국 사람 바로 그였다. 그때는 혼자였지만, 지금은 나와 비슷한 외국 억양으로 말하면서 머리에 스카프를 두른 한 여인과 함께라는 것만이 다를 뿐이었다.

사과나무가 지저귀고
벌들은 내 머리에
그들 무리의 분노를 표시한다.
내 사랑, 당신의 달콤함을 간직하길.

하늘이 그 엄지손가락으로
내 눈을 누른다.
별들이 흐르듯 지나간다.
내 사랑, 당신의 달콤함을 간직하길.

산맥 위로
끝없이 내리는 빗속에서
나는 잠자리를 준비한다.
내 사랑, 당신의 달콤함을 간직하길.

18, 19세기에는 사회 부정의에 대한 거의 모든 직접적인 저항이
산문으로 이루어졌다. 그 글들에는, 세월이 흐르면 사람들은
이성적으로 보게 될 것이고, 마침내 역사가 이성 편에 설 것이라는
믿음에 의해 쓰여진 주장들이 들어 있었다. 이 주장들은 결코 맞지
않으며 예상했던 결과는 전혀 현실화하지 못하고 있음을 오늘날 알 수
있다. 현재와 과거의 고난이 미래에 넓게 펼쳐질 행복에 의해
구속(救贖)될 것처럼 보이지 않는다. 악 역시 퇴치할 수 없는 지속적인
실체로 드러나고 있다. 이런 모든 것들은 해결책―삶을 생생하게
인식하는 것―이 미뤄져서는 안 된다는 사실을 의미한다. 미래는 믿을
수 없다. 진실의 순간은 지금뿐이다. 그리고 이런 진실을 받아들이는
도구는 산문보다는 점점 더 시가 될 것이다. 산문은 미래에 대해
시보다 훨씬 더 쉽게 믿는 경향이 있지만, 시는 지금 이 순간의
고통받고 있는 상처에 대해 말한다.
언어의 미덕은 부드러움에 있지 않다. 언어는 자신이 껴안고 있는 모든
것들을, 심지어 애정을 나타내는 용어일 경우에도, 정확성을 가지고
동정심 없이 껴안는다. 낱말들에는 편견이 없다. 쓰임새가 전부인
것이다. 완벽성이 *잠재되어* 있다는 것이 언어의 미덕이다. 언어는
일어났던, 그리고 일어날 수 있는 모든 인간 경험의 전체성을 낱말들을

통해 껴안는 잠재력을 가지고 있다. 심지어 말로 할 수 없는 것들을
위한 공간도 허락한다. 이런 면에서, 언어야말로 잠재적으로 인간의
유일한 집인 동시에 인간에게 적대적일 수 없는 유일한 주거지이다.
산문의 경우, 이 집은 광대한 영토, 철도와 도로, 고속도로 등을 통해
가로지르는 하나의 커다란 나라이다. 그러나 시의 경우 이 집은 하나의
단일한 중심, 단일한 목소리로 집중된다. 그리고 이 목소리는 집에
대한 선언임과 동시에 집에 대한 반응이다.
사람은 언어에 대해 제한 없이 무엇이든 말할 수 있다. 얘기를 들어
주는 사람이 어떤 침묵이나 어떤 신보다 우리에게 더 가까운 것도 이런
이유에서다. 하지만 바로 그러한 언어의 개방성이 중립(무관심,
냉담)을 강화할 수 있다. (언어의 중립성은 잡지, 법률 기록, 코뮈니케,
파일 등에서 계속적으로 요청되고 채용되고 있다.) 시는 언어로
하여금 이런 무관심을 끝내고 보살핌의 행위에 참여하도록 고무한다.
시가 어떻게 이런 참여를 고무할까. 시의 노동은 무엇일까.
시를 쓰는 데 들어가는 노동을 말하는 것이 아니라 씌어진 시 자체의
노동을 말하는 것이다. 모든 제대로 된 시는 시의 노동에 공헌한다.
그리고 간단없는 이 노동의 임무는 삶이 나누어 놓은 것, 폭력이 찢어
놓은 것을 다시 이어 주는 것이다. 육체의 아픔은 단지 진통(鎭痛)
행위에 의해서 경감시키거나 중지시킬 수 있다. 그러나 육체적 고통을
제외한 다른 모든 인간의 아픔은 모든 형태의 분리에 의해 야기된다.
그리고 이런 고통은 통상적인 진통 행위에 의해 완화되지 않는다. 시는
상실을 회복시킬 수는 없지만 인간을 분리하는 공간에 대해 반항한다.
시는 흩어진 것을 다시 모으는 지속적인 노동을 통해 이런 일을
행한다. 삼천오백 년 전 한 이집트 시인은 이렇게 썼다.

오, 내 사랑,

> 당신의 눈앞에서
> 연못으로 내려가
> 멱을 감는 것은
> 얼마나 달콤한지요.
> 물에 젖은 나의 무명옷이
> 내 아름다운 몸에 감긴 것을
> 당신에게 보여주는 것은
> 얼마나 달콤한지요.
> 오세요, 나를 보세요.

은유를 사용하려 하고 유사점을 발견해내려 하는 시의 충동은 비교하기 위해서도—그런 모든 비교는 위계적이다—어떤 사건의 개별성을 약화시키기 위해서도 아니다. 개개의 것들 속에서 일치점을 발견함으로써, 그 모든 일치점들을 통해 존재의 나뉠 수 없는 전체성을 증거하기 위해서다. 시는 이런 전체성에 호소하며, 그런 호소는 감상적(感傷的)인 것과는 반대된다. 감상은 언제나 모면과 분열을 기도(企圖)한다.

시는 이러한 은유의 방법 외에도 시가 이를 수 있는 넓고 높은 경지를 통해 나뉜 것들을 다시 모은다. 시는 감정이 미치는 범위와 우주의 범위를 동등하게 다룬다. 일정한 극한의 경지에 이르면, 그것이 어떤 종류인가는 문제가 되지 않고, 다만 그 경지의 정도만이 중요하다. 그런 경지에 의해서 여러 다른 극점들은 서로 하나가 된다. 안나 아흐마토바(Anna Akhmatova)는 이렇게 쓴다.[4]

> 당신과 꼭 마찬가지로 나는
> 영원한 검은 이별을 견딥니다.

왜 울고 있나요? 차라리 당신 손을 주세요,
꿈속에 다시 오마고 약속하세요.
당신과 나는 슬픔의 산맥이어요.
이승에서는 다시 만날 수 없어요.
밤의 한가운데,
별들을 통해 내게 인사를 보내 주세요.

주관적인 것과 객관적인 것이 혼동되고 있다고 여기서 따지는 것은,
경험할 수 있는 것 외에는 믿지 않으려는 고질적인 관점으로 다시
돌아가는 것이다. 이상하게도 그 관점은 정당성 없는 특권을 요구하고
있다.
시는 언어로 하여금 배려하게 한다. 모든 것을 친밀하게 만들기
때문이다. 시가 행하는 노동의 결과로 이 친밀함은 태어난다. 모든
행위와 단어와 사건을, 그리고 시가 나타내는 관점을 가깝게 한데 모은
결과인 것이다. 이런 배려보다 더 본질적으로 세계의 잔혹함과
무관심에 맞서는 것은 거의 없다.

어디로부터 고통은 우리에게 다가왔는가?
어디로부터 그것은 왔는가?
고통은, 까마득히 먼 옛날로부터
통찰의 형제였고,
시의 길잡이였다.

시인 나지크 알 말라이카(Nazik al Mala' -ika)는 이렇게 쓰고 있다.[5]
사건들 속에 묻힌 침묵을 깬다는 것, 아무리 가혹한 경험이라 해도

그것을 말로 옮기고 단어들로 바꾼다는 것은, 그 단어들이 이윽고 들릴 때 그 원래의 사건들이 심판받을 것이라는 희망을 발견하는 행위다. 이 희망은 기도(祈禱)의 근원이 되고, 기도는 노동과 함께 말 그 자체의 근원에 자리한다. 언어의 모든 쓰임새 중에서 이 근원에 대한 기억을 가장 순수하게 간직하고 있는 것이 시이다.

모든 시는 자신의 역할을 수행할 때 독창적이다. 독창적이란 것은 두 가지 의미를 가진다. 그 하나는 근원으로 돌아가는 것을 말하는데, 이 근원은 모든 후속의 것들을 만들어낸 첫째 것을 이른다. 또한 독창적이란 말은 이전까지는 전혀 일어나지 않았던 것을 발견해냄을 의미한다. 시에서 그리고 시에서만, 이 두 의미가 모순 없이 결합된다. 그럼에도 불구하고 시는 단순한 기도가 아니다. 심지어 종교적인 시마저도 배타적이고 유일하게 신에 대해서만 얘기하지 않는다. 시는 언어 그 자체를 얘기한다. 애가(哀歌)의 단어들은 그 언어 자체를 향해 상실을 탄식한다. 시는 언어에 대해 대등하면서도 보다 넓은 방식으로 얘기한다.

글로 표현한다는 것은 장차 그 글이 읽힐 것이고, 그것이 기술하고 있는 사건들이 심판받을 것이라는 희망을 발견하는 행위이다. 신에게서의 심판과 역사로부터의 심판이 그것이다. 그 심판은 오랜 시간이 지난 후에야 내려진다. 그러나 시에서는 조금 다르다. 언어는 직접적이어서 때로 단지 수단으로서만 오해되기도 하지만, 그 언어가 시로 표현되면 집요하고도 신비스럽게도 그 스스로의 심판을 드러내 보여준다. 시의 이런 심판은 여느 도덕 규범의 심판과는 다르지만, 언어가 할 수 있는 능력 안에서, 마치 언어 자체가 선과 악의 구별을 위해서 태어난 것인 양 이 둘을 구별해 준다!

우리는 친구의 집에서 잠을 깼다. 바닥에 매트리스를 깔고 잠들었었다. 아래층 방에 피아노가 한 대 있었다. 아이들 둘이 학교 가기 전에 피아노 연습곡을 연주하고 있었다. 네 손을 위한 연습곡이었다. 가끔 실수를 하면서 앞 악절을 반복하곤 했다.
정원을 향해 있는 문처럼 질문의 문이 한가롭게 열리던 18세기에 우리가 살았다면, 나는 아마 당신에게 이렇게 물었을 것이다. 그 시간들을 당신은 기억하느냐고. 그러나 악과 무관심으로 휘덮인 우리가 사는 이 세기에는 불필요한 질문들을 감당할 여유가 없다. 오히려 확실히 손에 잡히는 것으로 스스로를 방어하는 것이 더 필요할지 모른다. 나는 당신이 기억하고 있음을 안다.
두 아이들은 밝고 얌전히 연주했고 피아노 선율이 집을 가득 채웠다. 당신은 내게 등을 돌리고 누워 있었다. 내 손바닥 안에 가득한 것은 당신의 젖가슴이었다. 우리 둘 중 누구도 피아노 소리를 성가셔하지 않았다. 음악은 가볍게 듣기만 하면 됐고 우리는 또 그렇게 듣고 있었다. 마치 실제로는 아무것도 보지 않으면서 물끄러미 호텔 방의 벽지에 눈길을 주고 있는 것과 같았다. 내 사랑이여, 학교 가기 전 두 아이들이 밝고 얌전히 연주하던 피아노 소리에 잠이 깬 그날 아침은, 인간의 이주가 있기 전 본래의 집에서의 그 근원적 아침에 가장 가까이 다가간 아침이었다.

델프트(Delft) 풍경

물 건너
그 마을에서는,
모든 것들이 다 경험되었다.
벽돌들이 새처럼,
또, 항구에서 읽고 또 읽는 집으로부터 온 편지 한 장처럼,
소중히 간직된다.
그 마을에서는,
사람들은 타일 도서관과 함께,
빚을 지고 죽은 얀 베르메르를 떠올린다.
물 건너 그 마을에서는,
죽은 자가 사람 수를 세고
그 자의 시선이 모든 방을 점하고 있어,
들어갈 빈 방이 없다.
거기서는 하늘이
누군가가 태어나기를 애타게 기다리고 있다.
그 마을, 떠나간 이들의 눈으로부터 흘러 넘친

그 마을에서는,
거기,
아침의 두 종소리 사이로
광장에서는 물고기들이 팔리고
벽에 걸린 지도는
바다의 깊이를 보여주는데,
그 마을에서 나는,
당신이 오기를 기다리고 있다.

장차 다가올 나 자신의 죽음을 편히 받아들이게 하는 것은, 다른 무엇보다도 어떤 한 장소에 대한 이미지이다. 당신의 뼈와 내 뼈가 함께 묻히고 내버려져, 이윽고는 모습을 드러낸 곳. 뼈들은 거기 아무렇게나 흩어져 있다. 당신 가슴뼈 하나가 내 머리뼈에 기대어 있고, 내 왼손 손바닥 뼈 하나는 당신의 골반 안에 놓여 있다. (나의 부러진 가슴뼈들을 당신의 가슴이 한 송이 꽃처럼 마주하고 있다.) 숱한 발뼈들은 마치 자갈처럼 흩뿌려져 있다. 겨우 인산칼슘일 뿐인 뼈에 관한 것임에도, 우리 둘이 가까이 자리하고 있는 이 이미지가 내 마음을 평화로 채운다. 약간 기이하긴 해도 그것은 사실이다. 당신과 함께하는, 인산칼슘만으로도 충분한 한 장소를 나는 그릴 수 있다.

註

1. Daniel Weissbort, ed. and trans., *Post-War Russian Poetry*, New York: Penguin Books, 1974, p.103.
2. Danilo Dolci, *Sicilian Lives*, trans. Justin Vitiello, New York: Pantheon Books, 1981, p.209.
3. *Poems by C. P. Cavafy*, trans. John Mavrogordato, London: Hogarth Press, 1971, p.79.
4. Daniel Weissbort, ed., *Post-War Russian Poetry*, trans. Richard McKane, New York: Penguin Books, 1974.
5. Issa J. Boullata, ed. and trans., *Modern Arab Poets: 1950-1975*, Washington: Three Continents, 1976.

역자 후기

존 버거는 영국에서 태어나고 교육받은 작가다. 1926년생이다. 그의 이름 앞에는 미술평론가, 철학자, 화가, 시인, 소설가 등의 다양한 명칭들이 붙는데, 현존하는 영국 출신 작가 중 가장 깊고 넓은 자기 세계를 가지고 있으면서 또 가장 광범한 독자를 보유하고 있는 사람으로 여겨지고 있다. 처음 미술평론으로 시작했지만, 점차 관심과 활동 영역을 확장하여 예술과 인문, 사회 전반에 걸쳐 깊고 명쾌한 관점을 제시해 왔는데, 그의 다방면에 걸친 저작은 스무 권이 넘고, 우리나라에서도 이미 대여섯 권의 책들이 번역 출간되어 있다. 버거는 중년 시절 영국을 떠나, 프랑스 동부의 알프스 산록에 위치한 시골 농촌 마을로 들어가 근 삼십 년을 거기서 살고 있다. 끊임없이 책을 읽고 글을 써서 바깥세상으로 내보내고, 가끔 암스테르담 등에 있는 연구소 회의에 참석하기도 하지만, 프랑스로 옮겨 간 후 그의 주업은 농사일이다. 노동과 글, 농부와 작가, 은둔과 참여를 아우르는 그의 삶은 어떤 대안적 풋대로 드러나기도 하는 것이어서, 그보다 앞서 살다 간 미국의 스콧 니어링(Scott Nearing)을 떠올리게도 한다.
버거는 짧은 글들로 이루어진 이 책에서, 자신의 다른 책들에서는 드물게 드러나는 자유롭고 내밀한 글쓰기를 보여준다. 두서너 곳의 글은 그가 쓴 다른 책들에 실린 글과 부분적으로 동일하다. 약간씩 고쳐진 것들도 눈에 띈다. 짧은 단위의 글들을 일상처럼 써 두었다가, 적소에 편집하여 한 권의 책을 이루게 하는 글쓰기 방법이 짐작된다. 따라서 1, 2부로 나뉘어 있는 이 책은 어떤 짜여진 구성이 없으며, 마치 길고 짧은 경구들을 모아 놓은 것과 같아 어느 곳에서부터 끊어 읽어도 별 무리가 없다.

버거는 이 책에서 먼저 '시간'에 대해 얘기한다. 인간이 자연스레 상상할 수 있는 한계를 넘는 어떤 무한한 것으로 시간을 보는 근대의 과학적이고 계량적인 시간관에 의해, 인간은 시간과 분리되었고 시간은 인간의 삶과는 무관하게 저 홀로 진행해 가고 있다. 버거는 이런 인간과 시간의 상호 소외를, '죽음이 되어 버린 시간' '죽음의 권력을 자신의 것으로 만든 시간' 이란 말로 통렬하게 지적한다. 광년(光年)이란 단위를 발견한 인간은 그 단위의 권위에 현혹되어, 정작 스스로의 힘으로 굴려 가야 할 시간의 수레바퀴에서는 소외되는, 그리하여 역사에서의 자신의 고유한 역할을 스스로 내던지는 어리석음을 범하고 있다고 그는 말한다. 다음으로 버거는 '공간'에 대해 얘기한다. 문명과 도시화라는 이름의 타의에 의해, 뿌리째 뽑혀 옮겨진 현대의 인간과 돌이킬 수 없이 와해된 근원적 공간으로서의 '집'에 대해 얘기한다. 과거와의, 신과의, 이웃과의 단절은, 전 지구를 집 잃은 이방인들의 임시 숙소로 만들어 인간의 소외를 극단화한다. 이제 인간들은 시간과 공간으로부터 동시에 소외된 삶을 살아가고 있다. 버거는 이런 소외를 깨부수는 대안들로, 근원을 회복하는 것으로서의 남녀의 낭만적 사랑과 전 지구를 근원적 집으로 만드는 것으로서의 인류적 연대를 제시한다. 구체적이고 개별적인 것으로서의 하나와, 역사적 거대 담론으로서의 다른 하나다.

이런 줄거리 사이사이에, 시와 산문, 사랑과 성, 숲과 나무, 쾌락과
고통, 언어와 죽음 등을 얘기한다. 렘브란트, 반 고흐, 카라바조 등의
화가를 얘기한다. 그리고 스탈린 시대를 힘겹게 살았던 러시아
시인들인 아흐마토바, 만델슈탐, 비노쿠로프 등과, 이라크 시인
나지크, 그리스 시인 카바피의 시를 소개한다. 책은 처음 한 여인과의
대화처럼 시작되어 그 여인과 자신의 뼈가 함께 섞이는 장면의 묘사로
끝나는데, 그 속에는 시간과 공간 양쪽 모두에서 버림받은 현대의
인간이 그 원래의 시간, 근원의 공간으로 돌아가는 길의 한 본보기가
제시되어 있다. 버거는 때론 일기와도 같고, 또 때론 고백록과도 같은
문장들을 통해 현대의 인간이 겪고 있는 쓸쓸하고 가혹한 소외에 대해
말한다. 그러면서 다시 희망에 대해서 말한다. 그립던 집으로의
귀환(歸還)에 대해서 말한다.

쉰이 넘은 한 남자가 알프스의 산골 마을 우체국에서, 자신이 씨 뿌려
거둔 먹을거리를 한 여자에게 부친다. 그러면서 자신에게서 떠나가는
그 사물을 통해 겪는 쓸쓸한 상실을 얘기한다. 시간과 장소의 상실에
대해, 그리고 반복되어 돌아오는 희망에 대해 얘기한다. 이 글의 끝에
이르기까지 여인에 대한 버거의 직접적인 묘사는 딱 한 번 있을
뿐이다. 긴 열차의 끝에서 하오의 플랫폼으로 내려서는 바지를 입은
작은 여인. 그러나 시간과 공간이라는 거대한 단어에 버금가는 소중한
무게가 이 한 여인에게 주어져 있다. 함께 섞여 풍화해 가는 뼈를
꿈꾸며, 사랑하는 사람과의 연대를 죽음 후에도 이어 가려고 소망하는
한 사회주의자의 벗은 독백은, 여인에 대한 사랑에서 비로소
구체화하는 시간과 공간의 의미를 숙고하게 한다. 그는 글의 말미에
다음처럼 쓰고 있다. "당신의 그 조그만 나타남으로 인해 모든 것은
달라졌다. …오래 전에 내가 닿았던 우연의 세계는 이제야 하나의 방의

모습을 이루었다. 나는 집에 돌아온 것이다."" …두 아이들이 밝고
얌전히 연주하던 피아노 소리에 잠이 깬 그날 아침은, 인간의 이주가 있기
전 본래의 집에서의 그 근원적 아침에 가장 가까이 다가간 아침이었다."

이 책에 실린 글들의 여유롭고 느린 느낌과는 달리, 버거의 최근
글들에서는 어떤 갈급함과 초조감이 읽혀진다. 2002년 가을에 쓴 「우리
시대를 사는 괴로움, 캄캄한 밤에 쓰는 글」에서 버거는, 인류가 그 이전의
어떤 시대와도 비길 수 없는 미증유의 전체주의 아래 놓여 있다고 말한다.
어디에나 있으면서도 아무 데서도 드러나지 않는, 지독히
독재적이면서도 익명일 뿐인, 견고한 구조를 과시하면서도 형체 없이
녹아 있는 이 현대의 전체주의는, 세계화 · 포스트모더니즘 ·
자유주의경제 · 통신혁명 등의 실체가 모호하고 오용된 말들을
앵무새처럼 되뇌면서, 지역적 정체성들을 파괴하여 전 세계를
획일화하고 있다고 말한다. 이제 여든을 바라보는 노작가는 인류가
마주하고 있는 광포한 재난의 도래를 절절히 느끼고 있는지도 모른다.
그만큼 오늘의 인간은 절박한 위기 속에 있는지도 또 모른다.

어려움 가운데 영시(英詩) 옮김을 도와준 울산대학교 영미문학부의
한규만 형에게 감사한다. 편집부의 노윤례 씨에게도 따로 고마움을
전한다. 짧고 깊은 버거의 이 글을 옮기면서, 그리고 지금 여기를
돌아보면서, '진보는 과연 부박(浮薄)한가'라고 자문한다.

2004년 3월
김우룡

존 버거(John Berger, 1926-2017)는 미술비평가, 사진이론가, 소설가, 다큐멘터리 작가, 사회비평가로 널리 알려져 있다. 처음 미술평론으로 시작해 점차 관심과 활동 영역을 넓혀 예술과 인문, 사회 전반에 걸쳐 깊고 명쾌한 관점을 제시했다. 중년 이후 프랑스 동부의 알프스 산록에 위치한 시골 농촌 마을로 옮겨 가 살면서 생을 마감할 때까지 농사일과 글쓰기를 함께했다. 주요 저서로『다른 방식으로 보기』『제7의 인간』『행운아』『벤투의 스케치북』 등이 있고, 소설로『우리 시대의 화가』『G』, 삼부작 '그들의 노동에'『끈질긴 땅』『한때 유로파에서』『라일락과 깃발』,『결혼식 가는 길』『킹』『여기, 우리가 만나는 곳』『A가 X에게』 등이 있다.

김우룡(金佑龍)은 서울대 의대를 졸업하고 미국 뉴욕 국제사진센터(ICP)를 수료했다. 현재 가정의학과 전문의, 사진가, 칼럼니스트로 일하면서 중앙대 대학원에서 강의하고 있다. 저서로『꿈꾸는 낙타』『의학의 틈새』가 있고, 편저로『사진과 텍스트』『힐링 포톤』이 있으며, 역서로『의미의 경쟁』『사진의 문법』『낸 골딘』『유진 스미스』『마누엘 알바레스 브라보』『나는 다다다』 등이 있다.

그리고 사진처럼 덧없는 우리들의 얼굴, 내 가슴
존 버거 / 김우룡 옮김

초판1쇄 발행 2004년 4월 10일 **초판6쇄 발행** 2022년 11월 1일
발행인 李起雄 **발행처** 悅話堂 경기도 파주시 광인사길 25 파주출판도시
전화 031-955-7000 팩스 031-955-7010 www.youlhwadang.co.kr yhdp@youlhwadang.co.kr
등록번호 제10-74호 **등록일자** 1971년 7월 2일
편집 조윤형 이수정 노윤례 **디자인** 공미경 **인쇄제책** (주)상지사피앤비

ISBN 978-89-301-0076-2 03840

And Our Faces, My Heart, Brief as Photos © 1984 by John Berger Estate and Yves Berger
Korean edition © 2004, Youlhwadang Publishers. Printed in Korea.
Korean edition is published by arrangement with John Berger Estate and Yves Berger through Agencia Literaria Carmen Balcells, Barcelona, and Duran Kim Agency, Seoul.